通識教育叢書・通識課程叢刊

潘麗珠的國文課
——教課評課全紀錄

潘麗珠　著

大學教授入班教學序

　　我們許多在大學服務有年的朋友，學術高端待久了，漸漸地不食人間煙火，對於中小學教育現場產生陌生感，甚至於所研究的學術成果，陳義很高卻不切實際，偏偏又看輕「教學」這件事，還要對教育第一現場頤指氣使。所以許多第一線的教師忍不住對大學教授高喊：說得好聽，有本事，你下來教教看哪！

　　教育部應該是聽見這樣的聲音了吧？兩三年前，中央輔導團的各個領域開始執行「臨床教學實驗計畫」。「臨床」？是的，我們何嘗不能把課室當作待醫療的觀察診治對象呢？教授入班親訪，直接面對學生，把國家推動的教育政策、所倡導的理念，透過實際操作，切身了解教學實踐過程中的困難點或亮點，以思考化解困難點的策略，或持續推動亮點的可能模式，提供示範，與第一線的教師面對面溝通、交流。

　　此一計畫的初衷本意是好的，但是，哪一位大學教授願意或真正能夠進入班級教導國、高中職學生呢？事情可沒有想像中簡單呢！有趣的是，各領域、各科目已經計畫進行中，獨缺國文科。臺灣師範大學國文學系前系主任鍾宗憲教授，將教育部的計畫訊息帶回系裡，徵詢與會同仁的意願、探詢誰最適合執行此計畫的時候，大家都喊「潘老師」，並把食指指向筆者。筆者在當時的會議中正與電腦奮戰，聽見聲音不知發生何事，抬起頭來就看到這樣的情景，還沒回過神來之際，鍾主任微笑地說：「國文科入班教學臨床實驗計畫就麻煩您了。」

　　此計畫前後執行期間，從聯繫學校，確定班級、課程任務，入

班教學實踐，與學校教師座談，到撰寫計畫執行報告，成果繳交等，大約歷經八個多月，其中甘苦點滴於心。個人的教學理念和設計，能夠提升學生學習興趣、引發現場教師的共鳴，收穫可謂豐碩，亦可印證「德不孤，必有鄰」。特別是當時正值遼寧師範大學文學院鄭艷老師到臺師大國文系訪學，因為好奇、興趣、歡喜，自動跟隨到各校去觀看筆者的教學實踐，記錄了整個教學流程並發表觀察心得，一方面作為她個人的訪學資料，另一方面對臺灣的教育現場有第一手的了解。因此，筆者徵得鄭老師的同意，把它一併列入本書之中。不過真正著手整理書稿，到本書出版、面世，鄭老師回大陸已經超過一年半了。

這是一本教學操作兼理論實踐的書，對國文科教材教法有興趣的讀者不妨一看，尤其透過本書，可以了解實際的教學過程與學生的反應，以及筆者的隨機應變，加上遼寧師大鄭老師的「對話」，在臺灣，這應該是首創！謹以此書，存留鍾宗憲主任厚意的知遇、鄭艷老師難得的因緣。是為序。

潘麗珠
寫於二〇一八年冬季大洲桃花源

目次

壹
〈聞官軍收河南河北〉

一　教課實錄

授課教師：臺灣師範大學潘麗珠教授

觀　察　人：遼寧師範大學鄭艷副教授

授課地點：新北市福和國中七年級

授課時間：二〇一七年三月七日下午兩點半至三點半

老師：同學們，你們知道杜甫是誰嗎？不知道的，請舉手。

　　　沒有，好。那請大家思考一個問題：杜甫，我們說他是詩什麼？加一個字。[1]

生甲：師長。[2]

老師：那你認為，杜甫是我們的師長，還是說在詩人的領域中，杜甫是我們永遠的師長呢？[3]

生甲：詩人的領域。

老師：杜甫確實是詩人，一個無比偉大的詩人。中國古代的詩人很多，有一些特別有名的，後人就給了他們一個崇高的稱號，比如李白我們稱他為「詩仙」，那杜甫我們稱他為什麼？

生乙：「詩聖」。

> ☆ 鄭教授的觀察筆記
> 1 幾乎沒有導入語的課堂，教師開門見山，切入正題。
> 2 這學生有點兒開玩笑似的回答。
> 3 教師機敏睿智。

老師：很好，那「詩聖」杜甫寫的詩我們稱為什麼？

學生：（齊答）「詩史」。

老師：對！關於杜甫其人，同學們課後都會再溫習，我就不多講
　　　了。今天，我們把重點放在〈聞官軍收河南河北〉這首詩的
　　　鑑賞與解讀上，看一看這首詩有哪些特徵？[4] 我們先來看一
　　　看螢幕，大家說一說有哪些生字詞，是你們不懂的？（眾生
　　　搖頭）如果沒有不懂的地方，我們來試著念一遍，好嗎？

眾生齊讀，略

老師：剛才大家讀詩的時候有一個字的音是不對的。哪個字呢？
　　　（學生沒有反應）就是這個「滿衣裳〔shang〕」，你們把這
　　　個「裳〔cháng〕」字讀成〔shang〕輕聲，這是不對的。理
　　　由有二：一、在中國古代衣和裳是有區別的，上曰衣，下曰
　　　裳，這裡衣和裳連用通指衣服；二、現代漢語的口語中讀
　　　「衣裳〔shang〕」，是讀輕聲。但是，在古代漢語中並沒有
　　　輕聲，古代漢語的詞彙多是以單音節為主，在語言的發展過
　　　程中由於表達的需要，才逐步產生了大量的雙音節，才有了
　　　輕聲。所以，在這裡大家必須要讀成「衣裳〔cháng〕」，大
　　　家請跟著我再讀一遍。[5]

眾生：初聞涕淚滿衣裳〔cháng〕。

老師：下面請大家看一段影片，大家看的時候要和詩中的情節相對
　　　應。

☆鄭教授的觀察筆記
4 教師對背景的淡化是為了掌握時間與重點，何其了得。
5 不是簡單地糾正學生的讀音，而是告訴他們讀這個音的理由，一個
　字的讀音中竟然蘊藏著如此豐富的文化。

教師播放事先準備好根據此詩所改編的影片動畫片，眾生認真觀看

老師：同學們看完了，有問題嗎？

生丁：老師，他們喝酒為什麼不用杯子，而用碗呢？

老師：誰能回答幫助他理解？

生丁：杜甫太窮了。

老師：對，那時杜甫的生活條件確實太差了，像樣一點的飲酒器具他應該也沒有。還有一點，中國古人的酒不是像我們現代的蒸餾酒，而是從穀物發酵而來的米酒，所以，那時的酒的酒精度數都比較低，用碗喝才比較過癮。

　　好，同學們你們看完這個影片之後，大致能把整首詩歌的情節記住了。現在大家獲得資訊，很多都是通過影片圖像。那麼學習詩歌除了可以觀看影片、獲得圖像資訊之外，還可以有什麼方法呢？

生甲：聽唱〈聞官軍收河南河北〉歌曲。

老師：哦，原來你們也喜歡唱啊！老師最喜歡詩歌吟唱了，好，下面老師帶你們唱。

教師領唱，學生跟唱，一句一句，十分認真[6]

老師：同學們，我們唱完了，下面大家再閉上眼睛沉潛回味一下，再一次在心裡感受這首詩所傳遞的韻味與情感。

☆ 鄭教授的觀察筆記
6 潘麗珠老師是臺灣地區詩詞吟唱大家，古典詩詞吟唱是她的專業方向之一。這樣一首律詩說唱就唱出來，而唱得這麼盪氣回腸，韻味十足，真是大開眼界。同學們在和老師學唱的時候，都非常用心，現場氣氛專注得令人動容。

給學生靜默一分鐘的時間

好，現在老師考考你們：清代有個大學問家叫作浦起龍，他在〈讀杜心解〉裡說：「此為老杜生平第一快詩！」這裡「快」怎麼講？我給你們幾個選項：一、飛快；二、痛快；三、輕快；四、趕快。

出示大螢幕

生甲：痛快。和杜甫之前的詩歌比起來，這是首痛快的詩，杜甫也覺得自己是痛快的。

老師：其實這是個比較級的問題，有第一快才有第二快、第三快。這是杜甫詩歌裡面最痛快的詩。這就牽涉到，對杜甫詩歌的評價：「詩史」。他用他的詩歌記錄了大時代老百姓的點點滴滴。記錄了百姓在動盪的時代，在民不聊生的戰亂中的生活。通過預習大家對這首詩的背景應該是有了解的。一般來講，我們讀杜甫的詩歌會有什麼感覺？比較悲哀、比較沉重，可是你讀這首詩的時候，感覺怎麼樣？對，情緒就昂揚起來了。所以，為什麼是「痛快」？杜甫感覺到國家的領土可以收復回來，他可以回到家鄉去了，這怎麼能不讓人痛快呢？

那其他的選項還有沒有同學選？

生乙：我覺得這詩中能夠感覺作者的動作是飛快的。就像「漫捲詩書喜欲狂。」

生乙：我覺得寫這首詩的時候，作者也挺輕快的。故土被收回了，心情當然輕快。

生丁：我覺得作者也有趕快的意思，作者要趕快回家。

老師：天啊，同學們，這是我的「生平第一快課啊！」你們的回答
太讓老師為之痛快了。你們說得都很好，我也以為這個快
字，包含了豐富的含義。老杜聽到官軍收復了河南河北之後
的心情一定是痛快的，這麼多年的安史之亂終於結束了，當
然無比輕快、歡快。而後呢？他飛快地捲起詩書，喚上妻
子，想趕快地回到自己的家鄉，回到洛陽。這幾個快把作者
的喜悅、興奮之情表現得淋漓盡致。[7]

看來大家對這首詩的字面理解不成問題，那我們來深入
思考幾個問題：第一個問題，剛才大家朗讀的時候我竟然發
現有同學讀成「聞軍官收河南河北」，題目當中是「官軍」，
而你們竟然讀成了「軍官」？把字的次序給調換了，這樣可
以嗎？[8]

生乙：不可以，平仄不同。

老師：是平仄嗎？這兩個字可都是第一聲啊！大家再思考一下。

生丁：「軍官」是動腦的，「官軍」是動身體的。

老師：噢，你說得太精彩了，一下子抓住了問題的實質。其他同學
還有什麼想說的嗎？

生戊：「官軍」指的是一批隊伍，很多人，是官府的士兵。而「軍
官」是指像少將、將軍這類的帶兵打仗的將領，一般就是一
個人。[9]

老師：大家說得非常好，老師連總結都多餘了。接下來，我們看第
二題，看你們課本的第二十一頁，書本上有哪些句子，可以

鄭教授的觀察筆記
7 學生思維活躍，各抒己見，老師輕輕幾語，概而總之。
8 根據學生的課堂表現與反應，現場生成問題，非常靈活。
9 學生回答問題的時候都很隨意，真是想到哪說到哪，毫不緊張，也
毫不刻意，課堂上就是你說說我說說。

顯示作者快樂的情感？

生甲：「初聞涕淚滿衣裳」，「白日放歌須縱酒」。

生乙：「漫捲詩書喜欲狂」。

老師：很好，大家找出來這三句，可是「初聞涕淚滿衣裳」此句中有一個「淚」字啊？這是屬於怎樣的情感？

生乙：喜極而泣。

老師：非常好！我們看詩句，杜甫知道「劍外忽傳收薊北」的消息，但是情緒還沒有出來，到「初聞涕淚滿衣裳」的時候，情感開始轉折，無法蓄積在心裡面，於是他怎麼樣？忍不住地喜極而泣，掉眼淚。那我們看他的妻子在幹什麼？「卻看妻子愁何在」表示愁還是不愁？「愁何在？」後面是問號，這哪裡有愁的樣子啊？妻子也是在喜啊，是不是？

眾生：是的。

老師：下一句「白日放歌須縱酒，青春作伴好還鄉」，回家了，什麼感情？當然是喜悅了，前六句當中，五句都有欣喜的感情。下面老師想讓你用四字成語來形容杜甫歡喜的情緒？給你們一個提示：喜上什麼？

眾生：喜上眉梢。

老師：很好！還有哪些四字成語跟喜有關？

生甲：欣喜若狂。

生乙：眉開眼笑。

生乙：喜出望外。

生丁：興高采烈。

老師：那除了喜之外，「怒」呢，用四個字形容。

生戊：心花怒放。（生大笑）

老師：等一下，老師剛才的問題接著喜來的，所以她回答：心花怒放，這個不怪她。那我修正一下我的問法，表示生氣的

「怒」，有哪些四個字的成語，知道的舉手，比如怒髮衝
冠，比如？

生甲：大發雷霆、暴跳如雷……

生乙：金剛怒目、怒髮衝冠……

老師：漢語是非常豐富多彩的。同學們一定要注意一件事，我們在
　　　寫作的時候，要盡量地調動你腦中的詞彙，我們讀那麼多書
　　　不能白讀啊，不要一個詞沒完沒了地用，要嘗試著做替換，
　　　盡量追求詞彙的多樣化。我們再來說「哀」。

生乙：喜怒哀樂。

老師：「喜怒哀樂」這個不是，不是帶哀字就算數，是要表示哀傷
　　　的意思，像淚流滿面。

生丁：欲哭無淚。

老師：想哭哭不出來，表示哀傷，很好，要多動這樣的腦筋。

生戊：心如刀割。

老師：心像刀一樣割，是真的哀。很好，這個問題你們表現得很
　　　好，記得記下來。[10]

　　　好了，這個環節我們就到這裡。下面請同學們看大螢
　　　幕，老師把這首詩的前兩聯的個別字進行了替換，你們分組
　　　討論，看改完之後的效果和改之前的比較怎麼樣？

鄭教授的觀察筆記

10 教師有意識地進行寫作的訓練與指導，讓學生調動儲備，多積累
　　詞彙，多豐富自己的語料庫，並試圖追求詞語的多樣化。

> # 想一想，如果文字改成這樣呢？
>
> ◎請先找出被改的文字→
> ◎劍外忽(聞)收薊北，初聞涕(泗)滿衣裳。
> ◎卻看妻子(憂)何在，漫捲詩書(樂)欲狂。
> ◎白日放歌須縱酒，青春作伴好還鄉。
> ◎即從巴峽穿(巫)峽，便下襄陽向洛陽。

第一組：

學生彙報：我們覺得傳比聞好，因為傳的感覺是從很遠的地方，一
點一點把消息遞過來的，而聞好像一下子就聽說了。

老師評論：你們說得非常好，抓住了關鍵的部分。傳果然有一種由
遠及近的一波一波的動態感，給我們一種空間的距離，
而聞只是主觀的聽聞和聽到。另外還有一點，大家可能
忽略了，看下一句「初聞涕淚滿衣裳」（故意將「聞」
字讀重音）。

學生搶答：前面一句和後面一句都有「聞」字，重複了，這不好。

老師評論：這樣一首七律只有五十六個字，而作者卻要表現收復失
土，妻子的形態，自己的欣喜，甚至自己如何回家等這
麼豐富的內容，就得字斟句酌。如果不是刻意為之，同
樣的字在一首七言律詩中出現兩次，這在古人作詩中是
犯大忌的。[11]

☆ 鄭教授的觀察筆記

11 只是一字之差，卻天壤之別。這其中，聲音傳遞的動態感、空間
的距離感，做詩的要求等等完全體現出來。

第二組：

學生彙報：我們感覺「淚」和「泗」應該有一些細微區別吧，但具
　　　　　體的我們說不太清楚。

老師評論：同學你們的語感非常好。在古代，「自目曰涕，自鼻曰
　　　　　泗」，也就是說從眼睛流出來的是涕，從鼻子流出來的
　　　　　是泗。漢代以後產生了「淚」這個字，由「淚」代替了
　　　　　「涕」，由「涕」逐漸代替了「泗」，而「泗」一般就不
　　　　　用了。還有一點，我們在讀「淚」的時候是不是在發
　　　　　〔ei〕的音，這個〔ei〕在讀的時候，嘴更能張開些，
　　　　　同時發音長一點，感情也更豐富一些。而發「泗」音的
　　　　　時候，嘴巴比較合攏，不利於感情的綿延抒發。[12]

第三組：

學生彙報：「憂」和「愁」是有區別的，憂好像沒有愁的程度深。

老師總結：回答這個問題之前，我先問大家一個問題，你們聽過風
　　　　　鈴的聲音嗎？

　　　　　　　　你們想一下，風吹來風鈴擺動，撞擊發出的聲音是
　　　　　什麼樣的？給你們幾個選項：一、叮叮噹噹；二、琳琳
　　　　　琅琅；三、凜凜冽冽；四、泠泠亮亮。你認為哪個比較
　　　　　像風鈴的聲音？

學生齊喊：第一個。

老師總結：為什麼是第一個像風鈴的聲音？因為「叮叮噹噹、叮叮
　　　　　噹噹」是第一聲，第一聲給我們一種平和歡暢的感覺。
　　　　　第二聲的字呢？「琳琳琅琅」，我們說讀書聲「琳琳琅

✿鄭教授的觀察筆記
12 老師能從咬文嚼字中傳遞出如此豐富的信息，嘆服！

琅」，我們說這個人有「雄圖大志」，希望他「雄圖大展」，我們知道第二聲的字，調號是由下往上，對不對？有一種飛揚開展的感覺，所以：「憂」是平聲字在讀的時候比較高平，顯得程度沒有那麼嚴重，感情沒有那麼豐沛，所以杜甫選了這個「愁」字相對於「憂」就多了一種綿長的感覺。那個「愁」到底是多愁啊？剛才看的影片，我其實是截取了一段，戰亂中，杜甫的妻子，差一點就被砍死，他的小兒子就在叫「爹、爹、爹」，景象是很悽慘的。作者的那個「愁」是很愁的，不是這個陽平的「憂」可以表彰的。[13]

第四組：

學生彙報：喜和樂都是高興的意思，可能是程度有所區別吧！

老師評價：「喜」與「樂」，「樂」是仄聲、入聲，它短促，是點到為止。可是「喜」的聲調符號是下來再上去，有一種轉折，你們試著體會一下。

　　詩歌中的每一個字，每一個詞，都是經過詩人精挑細選的。尤其杜甫，他是一個非常重視推敲字詞文句的人。「語不驚人死不休」、「新詩改罷自長吟」。所以，以後碰到杜甫的詩一定要注意他對用字和用詞的苦心經營。[14]

鄭教授的觀察筆記
13 從聲調的不同來體會字義的不同，全新的視角。
14 將杜詩的特點在極自然的三言兩語中道出。

老師：同學們，我們再來看尾聯「即從巴峽穿巫峽，便下襄陽向洛陽」。我們來看看這個「下」字怎麼解釋？有沒有哪位同學想要說一說？

生甲：「下」是「向」、「往」的意思。

老師：你在意義上的理解是對的，沒有錯誤。可是這個「下」是一個動作，是從哪下哪？是從「襄陽」下向「洛陽」，是這樣嗎？

生乙：是吧……

老師：我們來看一下詩人的懷鄉路線圖。（略）

　　　　大家看！

　　　　他要從現在的地方走，從作品中我們應該得知在巴峽附近，從巴峽穿過巫峽，這肯定要走水路。那從巫峽到襄陽呢？這也要走水路，所以，這個「下」就是指從巫峽到襄陽，是沿長江順流而下，可不是說從襄陽到洛陽要下。古人長距離遠行，陸路的車馬很顛簸，通常也較曲曲繞繞，所以能走水路的，他們都會盡力走水路，順風順水。

　　　　下面老師給大家留一個作業：如果是現在讓你來走，你應該如何規劃這條詩人歸鄉的路線？在一張紙上畫出來。[15]

　　　　同學們，馬上要下課了，我最後問一個問題，你們知道什麼是韻腳嗎？這首詩中，哪幾個字是韻腳？

生甲：韻腳就是每一句最後一個押韻的字，這首詩的韻腳是「裳」、「狂」、「鄉」、「陽」。

✿ 鄭教授的觀察筆記

15 估計同學要想完成這個作業還真得費一番心思了，翻看地圖冊，求助網絡，設計路線，動筆勾畫。很好地進行了語文的跨學科學習。

老師：是不是很簡單啊，認為不簡單的舉手，我請他喝咖啡（眾生樂）。好，請同學們注意一下，我們在讀這幾個字的時候的嘴型，是閉著的還是開著的？

眾生：開的。

老師：那我問你們「笑嘻嘻」和「笑哈哈」有什麼不同？

生乙：嘴不同，表達的心情也不同。

老師：說得太好了，看來大家悟出道理來了。一個人真正開心地笑，是忍不住要張開嘴的，「哈哈大笑」是開懷地笑。「笑嘻嘻」呢？是笑得有點含蓄的，有點不好意思，嘴有點打不開，是吧？

生乙：老師，我知道了，這首詩作者特意選擇這個「裳」、「狂」、「鄉」、「陽」，〔ang〕的韻，就是要表達一種開心的、抒情的感覺。

老師：對！這節課潘老師沒白上。杜甫用了一個平水韻的「下平七陽」韻部，選擇這個開口韻，就是用來與他的心情相配合的，他就是要表達這麼一種舒暢、痛快的感覺。最後，讓我們懷著這樣的一種感覺來齊聲朗誦這首詩！

眾生齊讀，情韻十足

老師：謝謝你們，各位同學。下課！

二 課堂教學觀察與思考

潘老師的課堂內容豐富，容量很大，但老師卻能做到舉重若輕，一節課的時間，深入淺出地講授了〈聞官軍收河南河北〉一詩，給我們一種難得的暢快與厚重之感，讓聽課學生和八十多位觀

課教師收穫滿滿。

（一）看起來的妙手偶得，其實都是教師的匠心所在

可以看出來潘老師在課程設計上下了很大的功夫。那些看起來輕描淡寫的問題，細細想來都是環環相扣，層層深入的。

潘老師先通過作者杜甫，引出〈聞官軍收河南河北〉一詩，但並未對作者作過多介紹，而是把重點放在詩歌講解上，重點突出。通過吟誦帶入情境，為接下來分析關鍵字打基礎，使用影片材料，讓學生們了解詩歌的背景、情節，形成對詩的整體印象。接下來，潘老師以六組字詞的替換為講述重點，讓學生在讀的過程中品味情感，在品味情感的同時，學會對比分析，將詩歌的分析納入一個螺旋式的模式，內容豐富而又不雜亂。

而以上思路完全是以一系列的高質量問題串連起來的。使整個課堂渾然天成。

1. 題目中是「官軍」而不是「軍官」，有何不同？
2. 「衣裳」讀第二聲，不讀輕聲？為什麼？
3. 詩中哪些句子顯示出詩人的欣喜之情？
4. 關於本詩的「淚」，是屬於怎樣的情感？請用一句四字詞形容。
5. 還有哪些四字詞可以表達喜、怒、哀的情緒？
6. 「便下襄陽」的「下」字應如何理解？
7. 詩人還鄉的路線圖為何？如在現今，你應該怎樣規劃行程會更方便些？
8. 韻腳使用「裳」、「狂」、「鄉」、「陽」的聲音特徵與意義何在？

（二）以詩的特質來教詩，突出文體特徵

很多老師在教學過程中，忽略文體特徵。詩歌、散文教法一個樣，甚至小說、戲劇也都差不多的模式。文學作品的不同體裁是它非常重要的形式特徵，作家在創作的過程中，一定是「量體裁衣」的。所以，突出文體特徵，應該是今天國文教育的一大特點。潘老師很好地關注到了這一點，詩歌就以詩歌的形式來教，詩味十足。

課堂上通過老師高水平的吟誦讓學生體味其中的韻律，並且老師邊吟邊教，突出了詩歌「歌」的特點，這在大陸的課堂上是鮮有的。

潘老師以字音特點為基礎，比較分析了「傳」與「聞」、「淚」與「泗」、「愁」與「憂」、「喜」與「樂」、「放」與「高」、「還」與「歸」，在分析的時候除了我們比較傳統的字義之外。特別注重比較「字的聲調」與「韻母」的不同所體現的情感的不同。甚至還特意把詩歌的韻腳拿出來讓學生們去感受，是「開口呼」還是「齊齒呼」，而這些在表達效果上有什麼不同？試著引導學生，通過音韻的角度來解讀詩歌，進而把握作者的情感，讓學生明白：音樂＋繪畫＋文字＝詩。眼界大開！

（三）真正地通過閱讀來教寫作

我們很多時候以為現代散文是訓練學生寫作的好範本，殊不知詩歌更是引領學生寫好作文的的好渠道。在本課中，潘老師以表現情感的字──「喜」、「怒」等為例，讓學生們發揮想像，說出帶有喜、怒、哀等情感的四字成語，幫助學生豐富他們的語料庫，在很好地鍛鍊了孩子們的語言表達能力的同時，為日後的寫作打下基

礎。其實，優秀教師對孩子能力的培養都是滲於課堂上的點點滴滴，鹽溶於水無跡可尋的。

（四）傳授知識的同時關注學生思維能力的培養

知識只是教學內容的一部分，一個好老師一定會在教知識的同時引導學生的思維，讓他愛想、敢想、會想。比如，潘老師在講授的過程中引用了浦起龍在《讀杜心解》對此詩的評價：「此為老杜生平第一快詩！」引導學生體味「快」的含義：一、飛快；二、痛快；三、輕快；四、趕快。通過比較和分析，孩子很快了解「快詩」的含義，並對「快」的其他義項了然於胸。在多元化的選擇中鍛鍊學生的思維力和理解力，而不是直接給學生答案，讓學生死記硬背。還有，在課堂後部，老師提問：如果是現在讓你來走，你應該如何規劃這條詩人歸鄉的路線？學生的興致會一下子提升上來，運用地理知識、歷史知識，還會借助現代資訊，去想像、去設計，孩子的思維一旦打開，會給你一個連我們成人都無法感知的生動的世界。

（五）教師的課堂評價很到位，真正做到了心中有學生

潘老師在整個教學過程中，循循善誘，始終給學生一種親切輕鬆的感覺。對於學生的回答更是認真傾聽之後的順勢而導，從不生硬地告訴學生應該怎樣。在學生思維的卡殼處輕輕的幾語點撥，學生就會茅塞頓開。並且潘老師對每一位發言的學生都報以鼓勵的微笑和讚許的頷首，作為一個大學教授深入課堂一線，如此地理解學生、鼓勵學生，讓學生沒有任何緊張感和距離感，其學者長者的風範可見一般。

貳
〈明湖居聽書〉

一　教課實錄

授課教授：臺灣師範大學潘麗珠教授
觀　察　人：遼寧師範大學鄭艷副教授
授課地點：新北市中和高中高一
授課時間：二〇一七年三月八日上午十點至十二點

老師：同學們，我希望你們答應我一件事情，因為我們三個班級的
　　　學生在一起上課，而且我發現你們情緒也很「High」，所以
　　　當我舉起手的時候，你們就 come down 把情緒降下來，
　　　OK？今天呢，我們學習〈明湖居聽書〉。我剛才說，希望你
　　　們打開課本能先看一下。剛剛誰看了一下，請舉手。

學生：（笑）

老師：為什麼讓你們看一下？其實對你們上課有幫助。這裡老師不
　　　是說預習，預習應該在家裡做，讓你看看書就是讓你把情緒
　　　冷靜下來，仔細回答我的問題。

　　　　好，第一個問題，你們知道表演工作坊嗎？知道的請舉
　　　手。

學生：（只有幾個舉手）

老師：那我換一個問題問，你們知道金士傑嗎？金是「金色」的
　　　「金」；士是「讀書人」、「士農工商」那個「士」；傑是「傑
　　　出」的「傑」。知道這位的仁兄請舉手。我為什麼問這個問

題，是因為我們今天這個課程跟各位的經驗，可能會有一點點遠。那我再問一下，曾經參加過演唱會的，請舉手。我想親臨現場聽演唱會的同學，應該有點演唱會的概念，對嗎？我們假設一下，如果今天有一個天王級的人物來開演唱會，他的演唱會的方式是怎麼樣的呢？會有樂器，對不對？一定會有一個 band，然後他唱的每一首曲子，我們想一下，從第一首到最後一首，他訴說了一個完整的故事。第一首，我的家鄉；第二首，他成長的背景；第三首……你們可以想像一下，大概是一個怎麼樣的場景，不過是歌詞的內容換了，對不對？我們現在的娛樂大都是這樣。許多人的娛樂是聽演唱會，或者是看舞臺的表演。其實我真的覺得，我們在臺北條件非常非常地好，我們有很多文化活動、舞臺展演。有聽過音樂演奏的嗎？比如中正紀念堂的音樂廳，或者中山堂，或者我們學校，或者國父紀念館的表演？這是我們現代人的娛樂，對不對？臺上有演奏者、表演者，那麼臺底下有誰？

學生：觀眾！

老師：對了，是觀眾。那古人是怎麼樣的情況呢？我們假設，古人也有類似的演唱會或表演會，會是怎麼樣的？我們來看第一頁。聽書，聽什麼書呢？〈明湖居聽書〉，好，那我們來看一段影片。

播放影片——郭德剛京韻大鼓〈玉堂春〉

老師：好，剛剛我們看到一個人，他在幹嘛？

學生：說書。

老師：說書，對了。那除了他之外，還有沒有其他人？由後面看，有一個人上來。

不管那個人的話，還有沒有其他人？如果沒了的話，那掌聲怎麼來？

學生：觀眾。

老師：對了，你們有沒有發現，這個演員挺不錯的。他說的是什麼故事？有沒有人掌握到一個關鍵字，一個人的名字。我給你們提醒一下，他講的是我們戲曲上一個很重要的故事，也是一個很常見的故事，現在很多不同的戲劇裡都有它。不知道有沒有人聽過這段？（師唱：「蘇三離了洪洞縣」）你們知道蘇三又叫什麼？蘇三又叫作「玉堂春」。所以，不知道剛才你們有沒有聽到，有一個詞出現了幾次。但是我知道這個速度對於你們來說很快，對不對？剛剛沒有字幕，現在我們就看一段有字幕的，你們可能會比較放心一點。時間有六分多鐘，但是我希望你們盡量邊看邊思考，因為一會兒老師會問一些問題。

播放影片——蘇州評彈，曲藝聯唱〈丑末寅初〉

老師：看過了之後，我們回到這個 PPT 上面。回想影片內容，有什麼樣特點？你們有沒有注意第四位的發音，他跟前面三位的發音不太一樣。前面三位的發音，基本上和我們國語的發音很像。但是第四位的發音聽起來，比如說〔ao〕的音，他把它變成唱的時候有點〔a〕的音了；比如說〔gao〕或者說那個字應該念〔hao〕，撐篙的〔gao〕變成〔ga〕的音了，〔ao〕的音變〔a〕的音、比如說鴛鴦，他變成〔yun yang〕這樣。就是音不太一樣。有沒有人知道，這大概是什麼地方的鄉土語言或者母語？老師跟你們說一下，前面的三個人是一個系統的，但是第四位比較不一樣，他的樂器有點不同。

第四位的樂器呢，是琵琶，那個琵琶是用來伴奏的，一邊彈
奏一邊唱，唱的多半是民間口耳相傳的故事，我們叫作評
彈。評，「批評」的「評」，評彈。聰明的你可以記下來，蘇
州評彈。上有天堂，下有蘇杭，蘇州杭州，蘇州評彈，知道
一下。〈明湖居聽書〉聽的是什麼書？有一種書是蘇州評
彈，就是說有一種說書的方式。那麼另外的，其實叫作京韻
大鼓。京，是「北京」的「京」；韻，是「押韻」的「韻」，
就是「韻腳」、「韻尾」的「韻」。京韻大鼓，它有著「咚咚
咚」鼓的敲擊聲音，用來掌控節奏。這就是古代人像我們聽
演唱會一樣的概念，底下也是很多觀眾。大陸錄製節目的時
候，他們喜歡底下有觀眾，掌聲才聽起來比較自然。不像我
們有時候安排的掌聲，其實是非現場觀眾的掌聲，我們叫罐
頭掌聲，就是說現場並沒有觀眾。好了，我們回到這個 PPT
上，我的第一個問題是：表演者的性別怎麼樣？

學生：都是女生。

老師：哦？都是女生？你確定嗎？第一個片子你忘了嗎，第一個是
　　　男的哦。所以說書人性別有男有女。別跟我說，現在男女怎
　　　麼分啊，反正就是有男有女，性別很清楚。接下來在這個表
　　　現的形式上，有什麼元素？第一段我剛講過了，它說的是一
　　　個蘇三的故事，也就是玉堂春的故事。這個故事在我們傳統
　　　小說中有，它也是很重要的一齣戲，所以它有文學的因素。
　　　因為有文學的因素，它在文字方面，就不像我們講話那樣。
　　　因此你聽的時候，好像會覺得你的腦袋需要有一點轉化。因
　　　為文學性質，文辭會比較精煉。特別如果它是詩的話，你看
　　　像後面的，如果沒有字幕，我想你聽起來一定會感覺吃力。
　　　雖然有些句子也不見得像文言文那麼難懂，我指的是像〈出
　　　師表〉，像我們以前讀的〈陋室銘〉這些。可是你們在看的

時候會覺得，它的文字本身精煉一點。那麼在文學上面，它可能有散文，有點散，還有詩歌，所以它是韻散並蓄，散文和韻文互相夾雜的一種情況。還有，後面的音樂注意到沒有？它使用了什麼樣的樂器？我們回想一下第一位，第一位手上有一個什麼？

學生：響板。

老師：用我們現在的話講，是響板沒錯，竹板快書的響板。那另外一隻手拿的是什麼？在我們課文裡，其實叫作鼓槌子，或者說鼓棒子。怎麼是木字邊的「棰」呢？等下我們看課文的時候會找到它。這是第一個影片。第二個影片四位女士，她們的造型略有一點小小的不同，但是她們手上拿的樂器，前面三位都跟鼓有關係。那最後一位我剛剛也提到了她用了什麼樂器──琵琶。和前面三位有一點不一樣，對不對？尤其是第三位，距離鼓就有點遠了，因為她手上沒有那根棒子，可是她有一個拍板的東西。這個東西我也沒有去查找過，也許這個任務可以交給你們，查一查那是什麼東西。那前面兩位雖然都有鼓棒子、鼓槌子，都有大鼓，可是她們手上打板那個東西不同，對不對？第一位打板的東西和前面那個男性的打板是一樣的，可是第二位拿的是什麼？金屬的東西。如果你有仔細看的話，不太一樣。所以在這裡說，音樂有樂器，於是就有了伴奏。這伴奏有可能做一種引導，有可能做一種陪襯，也有可能就直接隨著唱的人本身就幫她一直伴奏下去。我們所謂的伴奏，就是一直陪著唱的人演奏下去。但是也有一種情況，我不知道同學們有沒有注意到。她唱完了以後，後面還一點點音樂繚繞的部分，那種我叫它「尾聲」，就是一個收尾的音樂。唱的人在彈奏樂器，他不彈的時候還有音樂的聲音，那就是後頭有個樂隊。再有就是，唱的人唱

的時候有音樂，因此說音樂的成分有演唱跟演奏。那如果你了解了之後呢，我們接下來翻 PPT 的下一頁，我們直接進課文。我給你們一點時間看一下這段課文，你可以一邊看一邊豎起來耳朵聽潘老師讀一下。

老師朗讀

老師：剛剛我讀了一下，你們就可以聽明白，對不對？我相信潘老師的口齒是清晰的（笑）。好，你們注意聽的話，就算沒看也大概聽得明白，可見沒有什麼生難字詞。如果沒有生難字詞，來，我們看下一頁。回答我的問題，我們有分組對嗎？各組來搶答，好嗎？

學生：好。

老師：來，第一題，長相——

學生：長長的臉。

老師：長長的臉，還有呢。有一個詞潘老師讀的時候，特別放慢，是什麼？

學生：一臉疙瘩。

老師：一臉疙瘩，他用了什麼形容詞？

學生：風乾福橘皮。

老師：風乾福橘皮，跟我念一遍。

學生：風乾福橘皮。

老師：那個風乾福橘皮是什麼意思？橘子的表面是皺皺的，等到曬乾的時候，就凹凹凸凸的。形容這個男子，臉部不平整，也就是不好看。請同學注意，他雖然不好看，但是這個不好看有點無奈，因為是風霜的痕跡，歲月的痕跡。我們現在聽演唱會，不管是五月天還是蘇打綠青峰，他們今天在這裡演唱

可能下個月就到別的地方去，各地開演唱會。他們這些個藝人，以前需要「跑碼頭」。為什麼叫「跑碼頭」？因為以前到什麼地方去，搭車、騎馬不是最快或最舒服的方式。尤其是他們有一些道具需要運載，他們需要比較平穩、快速地到達，所以通常選擇水路。水路，就是搭船走水道的方式。「跑碼頭」通常是在一個碼頭上搭船到另外一個城市的碼頭上來，那一場又一場的演出叫「跑碼頭」。你要曉得，在這樣的情況下身體很容易疲憊，這是一件不容易的事情。尤其是他們不像我們現在可以撐雨傘或者坐在車子裡面，我們現在無論是巴士、計程車、小客車，或者說是臺鐵、高鐵，都是有頂有蓋的。假如我們防護、注意一下，不會傷害到自己。在古代不是這樣的，尤其是趕路的時候，匆匆忙忙。他們也不講究保養，所以他們皮膚本來也是平順的可是後來時間久了也就不平順了。「風乾福橘皮」雖然是形容不好看、醜陋，但是那是風霜、歲月的痕跡，表示他是有經驗的，常常要到這裡去那裡去。那麼，觀眾對他的反應怎麼樣？最後那位同學，請你說。

學生：大聲叫好。

　　看大螢幕，「這時臺下叫好的聲音不絕於耳。」

老師：不絕於耳，所以確實是大聲叫好，壓不下的情緒，表示這個人技巧真的很高。以前並沒有麥克風，所以他的彈奏能讓那個聲音壓不下去，是說他的力道很大、很堅實，也表示指法上的功夫非常好。然後這曲彈罷就歇了，旁邊就有人送上了茶來。我們回到問題頁，觀眾對他的反應，是讚譽、讚賞。但是請你思考下面這個問題，你認為這個男子的作用是什麼？

學生：街頭藝人。

老師：我說的是作用，街頭藝人是他的身分。想清楚問題再回答我，不著急。

學生：鋪陳。

老師：鋪陳？這是一個非常高端的詞彙，老師給你按讚一個。鋪陳，已經有文章的概念了。可是在表演裡面，大咖通常什麼時候出來？

學生：最後。

老師：通常是這樣。所以他說的是鋪陳，沒有錯，概念上面是完全通的。而且用我們表演的話來說，叫作暖場。就是說，這個男子，他出來先讓大家熟悉熟悉，先讓大家感受一下環境的氛圍。就像我們去聽演唱會的時候，可能開始的時候會有誰來幫忙，比如說單單只是彈奏一些音樂的聲音。回到課文這個地方來，你單單看篇名，篇名是什麼？

學生：〈明湖居聽書〉。

老師：〈明湖居聽書〉，所以「看」其實不是很重要的，對不對？可是你想，寫人物的時候，有沒有可能只寫聲音不寫相貌？不可能。所以你看他怎麼寫這個男子？他穿什麼衣服？

學生：藍布長衫。

老師：《人間四月天》裡徐志摩也穿著那樣的藍布長衫，就是民國初年那種藍布長衫。接下來，他的臉怎麼樣？

學生：長長的。

老師：長長的臉，但有一句話是形容他的氣質的，把句子找出來。

學生：氣味倒還純淨。

老師：非常好，氣味倒還純淨。聰明的你可以標起來，之後在旁邊寫上：指的是他的氣質，前面指的是他的穿著，記關鍵字就可以了，「氣質、穿著」。再來就講他的功夫，比如說他彈奏

的功力。所以有一段文字你把它引號起來，寫上那就是他的「演唱」。然後我們看 PPT 下一頁，這是第二段，我不打算念，我給你們一點時間看。如果你看完了，就舉手暗示我一下。你們一邊看一邊想，覺得什麼地方的詞彙很精彩或者是很有意思，把它畫下來。你們剛剛看的那段課文，有什麼問題是你像問大家的？由你來問問題。我請你們小組討論商量商量，給你們三分鐘的時間。

學生自由討論

老師：我剛好站在這兒。來，一、二、三、四，第四位同學。你們這一組討論了什麼問題？

學生：作者如何形容她的歌聲？

老師：我先問一下，你們所說的「她」是誰？

學生：一個女的。

老師：課文只是說出來一個姑娘，她是誰還沒有揭曉。這是一個很漂亮的問題。你們記錄下來了嗎？再來，我隨便找，一、二、三、四、五、六，第六位。

學生：姑娘的作用是什麼？

老師：這位姑娘的作用是什麼？這句話有點雙關，你們笑得這麼開心。在課堂上，我也習慣了你們這樣，我也覺得很好玩。我常常跟我自己的學生，比如嘉怡老師說，「國中男生愛放炮，高中男生愛睡覺」，這是什麼意思？我現在應該講，你們也挺愛放炮的，就是說有時候笑得怪兮兮的。好，回到課文，我們已經有兩個問題了，對不對？現在我們要進行第三個問題了，我們這一排，一、二、三、四，第四位同學。

（全體同學笑）

老師：為什麼你們這麼樂啊？

學生：挑得好。

老師：挑得好？怎麼個好法？你不要讓大家失望。

學生：為什麼姑娘停了十幾分鐘。

老師：就抓第一句，厲害！後面兩句不用看，只看前面兩句，她的行為就可以出來了。不過考試的時候，尤其是你們將來大考的時候，一定要記得，千萬不要只看前面，必須要想辦法很快速地把文章段落看完。已經三個問題了對不對？來，這位同學！

學生：她幾歲？

老師：他問了一個問題，她幾歲，這位姑娘幾歲？這是一個問題，但這個問題好不好？

學生：好！

老師：為什麼？

學生：好好地讀書。

老師：本來就應該好好讀書。對不起，老師要講了。這個問題有點偷懶，為什麼？因為根本是想都不要想就可以知道答案的。在文章當中第幾句，你只要讀到第幾句，答案就出來了。所以問這個問題的人，對不起。不要怪潘老師太直言了，有點太隨興了。你們要留意一下，問人家問題應該問什麼東西。腦袋要思考，不要問那種一看就知道答案的。那樣的問題有什麼意思？有些問題問得會讓人「看扁」哦……有些問題真的像「春天的小蟲蟲」（學生大笑）。不要出那種不需要思考就知道答案，或是直接一看就知道答案的。其實一般人這樣問也未嘗不可，譬如說我現在面對的是幼稚園的孩子，這樣的問題還是一個問題，我們要尊重。好了，我又站在這裡了，就你。

學生：那個……那個……姑娘的身材。

老師：作者怎麼形容那個姑娘的身材？確定要問身材嗎？

學生：（尷尬地笑一下）穿著。

老師：我們通常在寫人的時候……嗯，我問你們一個問題，我們這個班有這麼多人，請用幾句話形容一位同學，好讓我們猜出他是誰。那我們有個同學就這樣講了，說這個人不高不矮，不胖不瘦，戴個眼鏡，頭髮不算很長，你知道他是誰嗎？這樣的形容其實是很籠統的。讓人覺得到底是自己還是旁邊的同學呢？頭髮不長不短，到底是怎樣的不長不短？因為男生可能不長不短，女生也可能不長不短。不高不矮，到底是一百六十公分算不高不矮，還是一百七十公分算不高不矮？這些都是模糊的。老師要強調一件事情，我們讀課文或者是學習，回頭要能夠用在自己的寫作上面，特別是說重要的考試的時候。針對一個東西進行比較細膩的描述，好讓人清楚自己的描述。我們整理一下，剛才問了幾個問題。最容易的問題就是幾歲，對不對？然後，你們認為最難的問題是哪一個問題？

學生：作用。

老師：非常好，它的作用不是直接講的。但是也有一個重要問題是這段的關鍵，我是說針對她唱的。從她要起唱的時候，她會有一些聲音出來，比如說，「那姑娘立起身來」，有一個動作，立起來，「然後左手取了梨花簡」，再來什麼呢，叮叮噹噹，她開唱之前。

學生：前奏。

老師：對，前奏。再來，她唱的時候怎麼樣？「忽羯鼓一聲，歌喉遽發，字字清脆，聲聲宛轉，如新鶯出谷，乳燕歸巢，每句七字，每段數十句，或緩或急，忽高忽低」，這些都是形

容。而且有一些詞彙是我們經常遇到的，比如說「新鶯出谷」，只不過我們經常說的是「黃鶯出谷」。那有什麼不同？其實意義是一樣的。但是你覺得「黃鶯」好還是「新鶯」好？為什麼？

學生：我覺得「新鶯」比較好，因為它比較新。不是，因為「新鶯」的聲音比較單純。

老師：他的意思是說，「黃鶯」有可能是大鳥，比如說是小鳥的爸爸或者是媽媽或者是叔叔伯伯，也許是去年就已經碰到的。可是「新鶯」也許比較年輕一點，是小鳥。老師告訴你們，它的意義是一樣的。只是一個注重在顏色，注意到沒？黃色，「黃鶯」的「黃」。但是話又說回來，也沒人寫「綠鶯」或「紅鶯」對不對？所以這就是一個特殊的鳥。也就是說，這是一個專有名詞。可是當它寫「新鶯」的時候，這個「新」就是怎麼樣，一個是有初春的時候，春天剛來的意思。另外一個是什麼，指的是也許那個鳥的確是年輕一點的鳥。這個你們要注意一下，這有一點雙關的意思在裡面，我希望同學們能夠留意。形容她唱的時候，有很大段的文字。最後用了一個詞，作為終結，「嘆為觀止」。什麼叫作「嘆為觀止」？「觀止」的意思是達到最高的水準了，表現最好了。原來這個姑娘表現的是這麼的好。那她到底是不是最主要的角色呢？剛才我們有個問題沒有解決，一個是聲音，這一段的重點，是怎麼樣啊？對於這位姑娘的聲音。那這位姑娘是誰？我們有一個問題是這個，對不對？請看下一頁PPT。這個問題你們問得很好。同學們可以再看一下課文或者你的耳朵借給我。「其人低聲對那人道：『此想必是白妞了罷？』，其一人道：『不是。這人叫黑妞，是白妞的妹子。她的調門兒都是白妞教的，若比白妞，還不曉得差多遠呢！她

的好處人說得出，白妞的好處人說不出；她的好處人學得
到，白妞的好處人學不到。你想，這幾年來，好玩耍的誰學
不到她們的調兒呢？就是窯子裡的姑娘，也人人都學。只是
頂多有一兩句到黑妞的地步。若白妞的好處，沒有一個人能
及她十分裡的一分的。』說著的時候，黑妞早唱完，後面去
了。這時滿園子裡的人，談心的談心，說笑的說笑。賣瓜
子、落花生、山裏紅、核桃仁的，高聲喊叫著賣，滿園子裡
聽來都是人聲。」我先問一個問題，「滿園子裡聽來都是人
聲」，我要求你們用四個字……

學生：人聲鼎沸。

老師：讚讚讚，反應非常快。同學們可以在旁邊寫上，人聲鼎沸。
知道怎麼寫吧？聲音的「聲」，「鼎」是「毛公鼎」、「三足鼎
立」那個「鼎」字。「沸」是哪個「沸」字？三點水的
「沸」，就是「佛祖」的「佛」的單人旁改成三點水。把原
來的句子換成「那滿園子裡人聲鼎沸」，省了幾個字，好不
好？你們知道成語跟成詞的區別嗎？成語，成詞，有沒有區
別？有區別的，注意聽。一個是語一個是詞。成語一定是有
典故的，成詞卻沒有典故。我們說「雞鳴狗盜」或者說「一
字千金」，這些後面都是有故事的。可是成詞，比如說我們
常講的「四季如春」，甚至我們過年時用的「吉祥如意」，都
是成詞。我們還要記得一件事情，成語不一定是四個字的。
比如「苛政猛於虎」，這也是成語。我們回到課文裡來，剛
才我們說「人聲鼎沸」比較簡潔對不對？可是有一點，你們
平時讀書的時候可以留意一下，調性，就是文字敘述的氛圍
那種感覺。你們從前頭看啊，誰不怎麼樣怎麼樣，人人都
學，都會唱一句兩句，說著的時候，黑妞早唱完了，滿園子
人談笑什麼什麼的，賣瓜子花生什麼什麼的，「滿園子裡人

聲鼎沸」。前面調子本來軟軟的,突然就來了一個四字句,
怎麼樣,收束起來的感覺?

學生:沒聽懂。

老師:這個同學用了一個很好的詞,雖然這個詞很現代。順便和你
們說一件事情,我們在閱卷的時候,比如說「指考」或者
「學測」的作文閱卷,很奇怪有的同學他辭采好像非常華
美,拚命用一些修辭或成語,這個方面可能會加一點分,因
為那個詞很漂亮。可是更重要的一點很多同學沒有注意,整
個文章的調性怎麼樣?假設有一種情況,我們會把這個分數
給拉下去的,我們叫作文白夾雜。比如說,有的孩子很好
玩,寫著寫著突然來了一句「不知其然也」。就是突然來了
這麼一句,前面都是白話,結果後面用什麼什麼也、什麼什
麼矣,這就是文白夾雜的情形。同樣的道理,你在寫比如說
記敘文的時候,我們相信你們都很有把握,它就是記敘文,
它有一點要跟你慢慢聊天的意思,結果說著說著卻用了一個
「人聲鼎沸」,本來在正常寫作文章的時候是沒問題的,但
是在這裡的時候替換了這個詞,就反而使這文章的調性奇怪
了。所以留意一下自己寫作的時候,感覺一下自己寫作的調
性。請看下一頁,我們剛才講,本來描寫的對象是臺上的表
演者,為什麼轉向臺下的觀眾了?現在我們解決了上一個問
題了對不對?第二段的時候,那位姑娘叫作?

學生:黑妞。

老師:就這麼簡單,用一個暱稱去稱呼對方。那主角呢,名字才需
要寫出來,有這樣的意思在裡面。我們知道主角叫王小玉,
可是並不知道她的妹妹叫什麼名字,只是知道她叫黑妞。黑
妞為什麼轉到臺底下去了?前面不是在講穿著藍色袍子的男
子,第二段寫的是她的妹妹,白妞的妹妹黑妞。到了第三段

也就是前面那一段的時候，寫的是觀眾兩人在對話。那麼，我問大家一個問題：描寫的對象為什麼從臺上的表演者轉到了臺下的觀眾？這一點可以有兩方面的說法，分別就寫作和評論上來講，什麼意思呢？從寫作上來講，你要說一個人好，單單是直接寫他好，除此之外還可以怎麼樣？側筆去寫。對，側筆！由另外一個人來說好的話，叫作證據確鑿。不是我主觀認為他好，而是還有其他人也認為他好，那就是真的好。這是一個「側筆」寫作技巧。所以說當我們寫一個人如何如何認真，如何如何用功，或者如何如何怎麼樣，你說你在形容他如何如何這是你的看法。從另外人的口裡去讚賞，去誇獎，就會顯得客觀。所以就寫作上來講，一個人斷定他好或壞，過於主觀，但是當第二個、第三個人說他好，或者是評斷他的時候，就相對客觀了。於是我們說，寫論說文的時候，不是要舉證麼，舉證據，孤證不能成立，只有一個證據是不夠的，自己講的證據也是不夠的，那怎麼辦呢？所以我們常常搬出巨人，站在巨人或權威的肩膀上就理直氣壯了。比如說小時候我們會講國父革命怎樣怎樣，但是到了大考的時候千萬別舉國父的例子，那一看就不知道多膩了，會感覺很幼稚，這是因為國父的例子是小學階段的。到了上高中、大學了，你再舉國父孫中山先生革命多少次，會讓人覺得這人的程度，可能也就……但是如果你們能說：艾森豪威爾曾經說什麼，比爾蓋茨曾經說什麼，賈伯茲曾經說什麼……這叫作「引言法」，很好！舉一個大人物，作為我的證據。這是在舉證的時候，除了自己的看法，還有權威替我說話，這個權威可以是古代的，可以是現代的，可以是國外的，也可以是我們自己臺灣本身的。

回到課文，黑妞 PK 一下白妞，雖然我們沒有看到白

妞，可是作者有一個引導，有一個賣關子的地方。它先說黑妞唱得好得不得了，卻又把評論告訴你了，說「調門兒都是白妞教的」，顯然白妞是黑妞的老師。再來，「她的好處人說得出，白妞的好處人說不出」，一個是可以言傳的，一個是只能意會的。我們說「只可意會不可言傳」，會有這種情況。再一個「她的好處人學得到，白妞的好處人學不到」，這個層次高下立刻就分出來了。人可以學習黑妞，但是學不到白妞的十分之一。於是在看文章的心理上會有一種期待，剛剛那個已經說太好了，黑妞都已經這樣，白妞要怎麼更好呢？馬上就有了懸疑性。你知道說書人這麼一個場次的安排，你是不是嗅到一種……能回答剛才一個很好的問題。那個黑妞是什麼作用？你們現在了解了沒？她就是起一個「引導」或者「鋪陳」的作用。我們發現了一個很好很好的說書人，卻又了解她不是真正的主角。

老師稍稍和你們提一下口語表達的事情。謝謝你們的合作，當我靜下來的時候，你們看著我，感覺是專注了。你們有沒有發現，在和人說話的時候，沈默是一種吸引人的方式。所以演講或者詩歌朗誦，還是參加什麼比賽用得到口語表達的時候，某些時刻要適度的沈默。一方面停下來，想一下自己下一步怎麼樣，一方面可以吸引對方，讓對方看你。舞臺上的表演也是這樣的，這個道理就是說，如果老聽一個人講，聽著聽著聽著，就像我們當老師似的哇啦哇啦一直說一直說一直說，說到後來同學們就沒感覺了，會感到疲憊。但是當我靜下來的時候，你的耳朵得到了安靜。同時你會覺得，發生什麼事了？你會抬起來頭來。而我們有一句話，休息是為了走更長遠的路。那也就是說，當我停下來的時候，你就會關注過來。在舞臺上演出也是這樣的，讓大家停下來

休息休息，平靜一下情緒，讓大家把剛才「啊，這太好了吧」的情緒 come down 下來。於是聲音再出來的時候，或者另一個表演者再出來的時候，一下子我們就又可以聚精會神。這也就是說我們上課的時候，最好不要老是哇啦哇啦說著。你們要記得將來你們要做發表的時候，發現底下有點吵，你不妨稍微安靜一下、沈默一下。剛才說的那個問題，為什麼隔了十幾分鐘，因為有這個作用。

在古代的表演場上，不像我們現在那樣。現在我們參加表演的時候其實不太容易，除了中場休息，否則你不可以任意走動。一開始演出的時候，展演廳可能關門，就是不讓你走動了，所以很多人就在開場前上個洗手間。以前不是的，以前觀眾是非常自由的。雖然說來回走動，可能會影響說書人的情緒。可是總要休息喘一口氣、上個洗手間什麼的。在以前，說書的場合大抵是這樣的，看的聽眾可以自由走動，很現實，你唱得不好，很多聽眾覺得沒趣就離開了，人越來越少，越來越少，臺上的人心裡頭會很慌。但是正常的情形是大家都聚精會神聽，所以給一點時間休息一下，點一個什麼東西，就像我們看籃球賽的時候，買個熱狗、爆米花什麼的。在古代，聽書就是這麼一種狀態，休息幾分鐘，或者說休停隔了多久，就是方便聽的人去個洗手間、買個東西、和旁邊的人講講話。你們有沒有發現，這個黑妞的唱就這麼過去了。雖然過去了，還是覺得非常的好。可是它還是有一點點餘響，並沒有真正讓所有人能夠完全專注，對不對？大家想想看，一邊聽著，還一邊講話。可是真正好的時候，哪裡還顧得講話？索性專注去聽了。我們看一下這個地方，出來了正角。正角出來了，大鑼大鼓敲起來了。那究竟怎麼樣呢？喔喔，下課鐘響了，大家休息一下。

下課休息

老師：同學們，我們慢慢、慢慢開始。接下來，我們就進入到主題
　　　段落了，就是王小玉說書這段。〈明湖居聽書〉有時候我們
　　　就叫作〈王小玉說書〉，可見王小玉的重要性。我們來看，
　　　「瓜子臉兒，白淨面皮」，你注意一句話，「相貌不過中人之
　　　姿」，意思就是說作者沒有覺得她很美，對不對？因為他用
　　　「中人」一詞，就是不覺得她很美，相貌中等。這個地方我
　　　希望你們注意，因為它其實是很有意思的地方：對於主角並
　　　沒有大大地褒揚。為什麼呢？這一問題我們先擺下。然後，
　　　這個「只覺」這兩句倒是挺好，這兩句形容的是氣質，你要
　　　知道氣質，並不容易形容、不容易說，而作者用一個「秀而
　　　不媚，清而不寒」。很好，這裡老師覺得應該讓你們讀一
　　　讀，發揮你們聲音的功力。「半低著頭」，再來，結果她呢，
　　　先好像若無其事地稍微撥了一下，隨便調動了一下樂器，
　　　「便有了五音十二律」，便抬起頭來，這一抬頭，好，重點
　　　來了，這幾乎是所有考試的必考題，怎麼去形容人家的眼
　　　睛？「那雙眼睛，如秋水，如寒星，如寶珠，如白水銀裡頭
　　　養著兩丸黑水銀。」你們能了解後面那句長句嗎？那是什麼
　　　呢？其實說的就是一句話：黑白分明！顧盼之間，眼睛很靈
　　　動。你注意一下啊，通常考試是這樣考的。「如秋水，如寒
　　　星，如寶珠，如什麼什麼的」用了什麼修辭手法對不對？這
　　　些同學們都知道，這叫什麼修辭手法？一個是譬喻，一個是
　　　排比，「如什麼，如什麼，如什麼」，可是你有沒有注意到，
　　　排比的地方呢，它其實前面三個「如」字，句子長短是一樣
　　　的，最後一句那個「如」句子拉長了，這就是讓我們注意一
　　　下寫作時文章的變化，你如果一直都是「如什麼，如什麼，

如什麼」，第四個還是「如什麼」，你的文章句式長短是沒有變化的，那麼句式就會有一點兒呆板、單調，明白嗎？再就是他用「秋水、寒星」，這個是天然、自然界的，但到了「寶珠」的時候，還有「白水丸和黑水丸」的時候，就變成了我們所接觸到的日常事物，作者的打比方就是譬喻的方式，是用了不同的自然界景物，以及我們觸手可及的生活當中的事物。這就給了我們一個訊息，當我們在寫文章，要打比方的時候，你不要只朝向一個方向思考，你也可以換一個方向，比如說：動物界怎麼樣，植物界怎麼樣，拿動物作比方，拿植物作比方，拿自然界作比方，又，拿人可以怎麼樣的作比方。比如說，又譬如說……。你就會發現，其實作者的手法是很靈活的。為什麼說這本書很重要，《老殘遊記》為什麼會這麼知名，其實是在於它特別高明的描寫手法。

　　好了，那我們來看這裡有一句很好玩兒，「這一眼，滿園子裡便鴉雀無聲，比皇帝出來還要靜悄得多呢」，大家都怎麼樣，都安靜下來聽她說書。這裡還有一個說法也是譬喻，對不對？「連一根針跌在地下都聽得見響」，那前頭有一句說，「都覺得王小玉看見我了」，厲害了啊！眼睛一掃，全場的人都覺得被她看見了，這說明她的那個眼睛多厲害！和電眼一樣，只要掃過，沒有遺漏！這個形容非常傳神。

　　這裡我有幾個問題，作者是怎麼樣形容白妞的長相？你如果仔細思考這個問題，你就會發現比前面的黑妞寫的更多、更詳細，甚至於更漂亮，這就表明這個人才是真正的角兒，真正的主角。那白妞長相怎麼樣？前頭的一句話「中人之姿」，好像「尚可」，可是居然到後來，大家怎麼樣啊，鴉雀無聲，表示她能夠鎮得住，或者說一開始大家覺得沒什麼，後來被她吸引了，那可不得了！你要是一個非常天仙似

的人物，不管男孩兒女孩兒都會一開始被吸引。可如果要是說，這個人剛一見面，並沒有感覺到特別的漂亮，而是看著看著就被吸引過去了，那就表示這個人的魅力其實是非常耐看的。而且比那種一照眼就覺得很美的，更值得我們去欣賞，有這樣一個意思存在哦。由於時間關係，我就不讓你們討論，不問你們了。

接著，我們看 PPT 下一頁，重點段落來，你們看這一段字數多密啊！「王小玉便啟朱唇，發皓齒，唱了幾句書兒。聲音初不甚大，只覺入耳有說不出來的妙境：五臟六腑裡，像熨斗熨過，無一處不伏貼；三萬六千個毛孔，像吃了人參果，無一個毛孔不暢快。唱了十數句之後，漸漸的越唱越高，忽然拔了一個尖兒，像一線鋼絲拋入天際，不禁暗暗叫絕。那知他於那極高的地方，尚能回環轉折。幾囀之後，又高一層，接連有三四疊，節節高起。恍如由傲來峰西面攀登泰山的景象」我先念到這兒，你會發現有一件事兒，很有趣，請看 PPT 下一頁，下面我雖然沒有念，可是呢，我希望你們思考這幾個重點，親愛的孩子，請你提起筆來，特別是找一個空白的地方把錢鍾書先生的這一段話記下來，對你絕對有好處的：「顏色似乎會有溫度，聲音似乎會有形象，冷暖似乎會有重量，氣味似乎會有鋒芒。」在你這句話的前面或者後面，括號一下錢鍾書，知道這位大名家嗎？他是一位非常重要的重量級學者，雖然過世了，在大陸，但是他在美學方面是很有成就的一位學者，在國學方面也是，應該說在國學方面是綜合的吧！你看他講這話多有意思啊！耳朵借給我，你一邊抄啊。顏色有溫度，潘老師今天穿的這顏色溫度怎麼樣？有人說冰冷的溫度，紫色應該屬於怎麼樣的色調，你們想一想，比如說，藍色、紫色通常是比較寒涼一

點，對不對，寒色系的。那你們的衣服……如果是白色呀，藍色呀，這些是屬於寒色系，可是如果是黃色啊，或者是紅色，就是屬於暖色系，對不對？好啦，那有暖色有寒色，所以你說呢？你感覺到的暖色系是輕還是重啊？是重的。藍色或者白色是怎麼樣啊？往上飄的，我們不是說青天啊，白日啊，都在天上，所以是往上走的，會比較輕，因此我們說顏色是有重量的啊！聲音會有形象，你們聽一個人的聲音，我不知道你們有沒有這種感覺？有的時候你忘記了，我說，我是你同學啊！當然，這不是詐騙電話，他和你說他的名字的時候你還是想不起來他是誰，但是講著講著因為聲音的關係你聯想起來了，有可能會是這樣子的。就是聲音本身會有一些鑑別度，這種鑑別度呢使得一個人的形象就會出來。還有的時候我們覺得有人講話，令人感覺這個人是個冷性情的人，可是有人講話就會讓你覺得他是一個熱情的人，所以說聲音是有形象的。還有，有的人講話很快，你會猜想他是不是比較急性子的人，不然怎會講話那麼急？還有的人講話，「幹……嘛……，沒……事……，不……想……去……」這樣的講話方式讓人覺得，這個人大概懶得理人，給人的感覺是這個人懶懶的不太想動，所以聲音是有形象的。

　　剛才已經提過，說是有冷暖的、有形象的、有氣味、有鋒芒，我相信你們也是知道的。好比說，我曾經有幾次到某個男校去觀課，到了十一點多的時候，老師在上面上課，同學呢在下面低著頭，把自己的便當拿出來，或者把泡麵什麼的拿出來。而我為什麼會知道呢？最主要是因為氣味的關係，為什麼會突然之間有一個香香的什麼的味道？像是炸的排骨啊，或者是肉羹啊，是不是加了醋啊？為什麼會有這個味道啊！仔細一看，有一個同學正在打開他的便當在吃東

西，這個就是刺激到我的鋒芒。又好像我們講發氣功或者是你們玩兒的遊戲啊，什麼桌遊、手遊啊，我是說有些人出來的時候，「嘩」，你還記得嗎？他們要發功啊，出來之後都有一團氣包圍在那裡，那就表示氣味會有鋒芒。你看到一個人的時候，通過味道，你就會感覺到他是一個什麼具體的形象，氣味會刺激你。這很重要，為什麼？我們接著看下面的問題，在形容王小玉也就是白妞的時候，寫了那麼一大段，當然我沒有時間讓你們都看完，待會兒再花一點時間自己看一看，因為真的寫得好，你會發現他有聽覺化為觸覺，還有呢聽覺化為味覺，聽覺化為視覺……，我要麻煩嘉怡老師，把這個當作作業讓同學們寫下來之後，檢驗一下。所以你們要把這一段好好的去看，這幾個問題，還有純聽覺的，到底是哪幾個句子？要記下來。再來呢，側寫有寫到觀眾的反應，跟黑妞的寫法一樣，也就是說，有作者自己直接的觀感，再就是，旁人的客觀的評點，觀眾的直接的反應。好，那我們如果稍微的倒回去一下，舉例來說，直接敘述聲音的地方，在課文中什麼地方能夠找出來呢？

同學：拔了一個尖兒。

老師：對，就是我剛剛讀的那個地方，「拔了一個尖兒，聲音突然高上去接連有三四疊。」這些都是直接的敘述，但是作者等到其他的形容出來的時候，從聽覺到其他我們看得見的東西，或者我們皮膚感受得到的東西。「臺下正座上，有一個少年人，不到三十歲光景，是湖南口音，說道：『當年讀書，見古人形容歌聲的好處，有那「餘音繞樑，三日不絕」的話。』……」我相信這個成語「餘音繞樑，三日不絕」，這兩句話同學們應該很熟。那麼還有呢，餘音怎樣會得繞樑呢？又怎會三日不絕呢？作者又說「及至聽了小玉先生說

書，才知古人措辭之妙。每次聽他說書之後，總有好幾天耳朵裡無非都是他的書，無論做什麼事，總不入神，反覺得『三日不絕』，這『三日』二字下得太少，還是孔子『三月不知肉味』，『三月』二字形容得透澈些！旁邊人都說道：『夢湘先生論得好極了！於我心有戚戚焉！』說著，那黑妞又上來說了一段，底下便又是白妞上場。這一段，聞旁邊人說，叫作『黑驢段』。聽了去，不過是一個士子見一美人，騎了一個黑驢走過去的故事。將形容那美人，先形容那黑驢怎樣怎樣好法，待鋪敘到美人的好處，不過數語，這段書也就完了。其音節全是快板，越說越快。白香山詩云『大珠小珠落玉盤』，可以盡之。其妙處，在說得極快的時候，聽的人彷彿都趕不上聽，他卻字字清楚，無一字不送到人耳輪深處。」我們看一下這裡，老師有幾個問題，對於王小玉說書觀眾的回響，作者運用了引言法，剛才有幾個重點「於我心有戚戚焉！」然後本段最後說的，那黑妞又上來說了一段，略筆帶過，底下又是白妞上場。這個「略筆帶過」的道理何在？因為他的精彩的地方都表現出來了，所以如果他再寫下去的話就難以為繼了，不是常聽人家這樣講嘛，「見好就收」。我要見好就收了，所以怎麼辦呢？來，PPT 下一頁。即便主角再上臺呢，作者也就是簡單的交代：「又說了一個段子。這時不過五點鐘光景，算計王小玉應該還有一段。不知那一段又是怎樣好法，究竟如何，且聽下回分解。」到這裡結束。大家看，這裡又出來一個重要的詩句，你們聽過〈琵琶行〉嗎？高中課文的〈琵琶行〉已經讀過了嗎？沒有？那你們以後會有機會讀到的。白香山就是白居易，我相信這句話就算你沒有讀過〈琵琶行〉應該也知道吧！大珠小珠落玉盤，應該有聽過吧！那就是形容聲音。來考考你們，

「大珠小珠落玉盤」是把聽覺變成什麼？除了聽覺以外，還有？視覺！對，因為你彷彿能夠看到大小珠子掉落玉盤的那個情景。倒數第四行，「這是他的獨到，然比著前一段卻未免遜一籌了。」我們有一個成語說「略遜一籌」，那麼，這又是怎麼一回事兒？我的意思是說他這樣寫就表示有點簡單的帶過去的意味，雖然也好聽但是精彩的地方都已經寫過了，再寫也翻不出更精彩的花樣了，就是這樣的概念啊，於是文章最後敷衍幾句。這個「獨到」仍然是烘托，你看老師在後面下了一個評論，就是說這個還是屬於烘托，就是烘托前面的怎麼樣啊！前面的出色、前面的好，雖然他這個快書也一樣的好，但是仍然是烘托，要幫襯著前面的一大段的美好。這邊有幾個問題，看 PPT，什麼角色？敘述什麼？第三個問題，暖場讓大家見到黑妞的好，黑妞又幫襯著讓大家看到白妞更加的好。

再來，文中運用了什麼寫作技巧來形容舞臺上的這幾個人物？我們剛才說到了「通感」，就是把聽覺變成了其他感官、把視覺轉化成聽覺等等，這是一種非常重要的寫作手法，這種技巧的好處就是靈動，像徐志摩，特別喜歡也擅長使用這種技巧，比如說他看到流水是多麼的美好，他不寫流水，而是寫「那一河的清淺」，那一河的清淺，這個清淺就是視覺和觸覺性的，「淺」實際是視覺上的，「清」有一點兒觸覺性的，實際上寫的是流水，那麼，也是一種感官上面的轉化，這會使得句子特別的靈動。回到課文，這是一個非常重要的問題，作者運用了什麼寫作技巧來寫舞臺上的那三個人，而令你印象最深的是哪一種？為什麼？你好好的去想。最後，我有一個特別的 ending，麻煩同學幫我放小潘陽的演唱影片……

說書人

作詞：譚旋　　作曲：譚旋

演唱：小瀋陽

　　折一把紙扇　著上一身青衫

　　紫砂壺壯膽　拍案滿堂驚嘆

　　昨日的史詩　還殘留些波瀾

　　今天的歷史　只能話說兩端

　　春秋早已逝　誰管天道好還

　　墨書的樑子　血淚代代傳

　　說不完　這人間滄桑

　　道不盡　生死笑忘

　　塵世裡萬千的榮光

　　總有訴不完的衷腸

　　話不盡　這千古流芳

　　言不止　餘音繞樑

　　故事裡留下的思量

　　總讓人嚮往

　　昨日的史詩　還殘留些波瀾

　　今天的歷史　只能話說兩端

　　春秋早已逝　誰管天道好還

　　墨書的樑子　血淚代代傳

　　說不完　這人間滄桑

　　道不盡　生死笑忘

　　塵世裡萬千的榮光

　　總有訴不完的衷腸

　　話不盡　這千古流芳

　　言不止　餘音繞樑

故事裡留下的思量
總讓人嚮往
情未央

老師：好，親愛的同學，情未央，我希望你們對國文這個科目，不
　　　管你將來是怎麼樣的發展，在你的生命道路中，情未央。我
　　　為什麼要用這個作為 ending，其實是有一些事情我必須讓你
　　　們知道，在古代，這些說書人他們的地位本身不是很高的，
　　　我們在現在特別幸福的是，每一個階層的人，我們都平等的
　　　看待他，可是以前有這麼一種說法，上臺演戲的呢是瘋子，
　　　在臺下看戲是傻子，而演戲的人古人稱為「戲子」，是一種
　　　輕蔑的稱呼。在人生的這個舞臺上，我們每一個人既是瘋
　　　子，又是傻子。我的意思是說，你會發現在古代通過說書寓
　　　教於樂，很多道理和知識呢，都是借說書人的口，讓老百姓
　　　知道。這些說書人對於知識的傳播具有很大的貢獻，但是他
　　　們的社會地位並不高，而無論如何，我們今天看待在舞臺上
　　　為我們演出的人，包括在學校裡邊的老師們，還有與我們在
　　　一班的同學們，以後雖有各自的發展，但是無論如何請你記
　　　住，尊重各行各業！再說，能在同一屋簷下，是一種非常難
　　　得的情緣！

　　　　這就是我今天的課堂，到這裡結束，謝謝你們！

二　課堂教學觀察與思考

（一）課堂教學容量大，以文本為基礎，但又不拘泥於文本

　　潘老師的課堂教學內容豐富而多元，不論是精心設計的提問，還是不經意間與學生的碰撞，都能生發出很多新的知識，更難得的是老師可以根據學生的反應隨時對教學內容進行調整與引發，而這一切來得都這麼地恰切而適當。諸如在講「滿園子裡聽來都是人聲」這句話的時候，同學想出了「人聲鼎沸」這個詞來替換，但教師並不單單解釋了「人聲鼎沸」這個詞。於此同時，還系統地介紹了成語和成詞的區別，並且舉出了例子，大大拓展了學生的文化視角。

（二）打通多學科壁壘，很好地做到了跨領域教學

　　在教學與引導過程中，潘老師能很好地將音樂、藝術、美術等多學科多領域進行融合與勾連。如，在本課的結尾，老師給學生播放了小瀋陽演唱的「說書人」，這是在大陸比較流行的飽含著對說書人深刻理解的一首歌。其歌詞很有文化品位，學生聽的時候都很陶醉，能看出學生的感動和思考。這堂語文課帶給學生的不僅是一場文字的大餐，更是一場藝術和審美的盛宴。

（三）深諳提問藝術，不僅自己提出高水平的問題，更能引導學生自主提問

　　教師的課堂教學提問很有水平，每個問題看似簡單，實則都是

需要學生動一番腦筋的。並且一個一個問題之間具有由淺入深的梯度，在不斷地提問與解答的過程中將學生的思維引向深入。不僅如此，教師還試著讓學生來提問，在學生冥思苦想要提出什麼問題的時候，他們已經完成了對文本的反覆閱讀與思考。

（四）讓古老文化和新鮮世界握手

〈明湖居聽書〉這篇文章所描寫的是清代說書人和聽書人的生活，這個時代久遠的藝術形式在今天依然存在，卻有了很多改變，也賦予了更多的內容。老師講授的時候並不拘泥於那個時代那個舞臺，而是讓學生結合今天的生活，用他們熟悉的臺北的音樂會、演唱會為比照。勾連起古與今，讓古老的藝術與當下的生活完成一種對比與銜接。

（五）閱讀教學隨時觀照寫作教學

在對文本的理解和講授過程中，凡是作者所使用的優美的修辭、精美的文句、巧妙的手法等高明的用筆之處，教師都會提醒學生用到寫作之中。如，通感的修辭，寫人物要抓住特徵、鋪墊和烘托等等。在不自覺中讓學生懂得作文之道。

（六）懂得與熱愛的結合，大學教授與學生之間完全沒有隔閡

大學教授入班教學是一件很難得的事情。一是大學教授有沒有這個熱情與膽量；二是大學教授有沒有這個能力。而潘老師兩者兼具，能夠俯下身來用學生的視角和語言來理解文本、理解學生。整

堂課與三個班級的一百多名學生進行了毫無隔閡的溝通，對學生對
課堂，潘老師完美地做到了懂得與熱愛的文學、藝術相結合，取得
了令人滿意的課堂效果。

參

文學廣角鏡──寫作教學

一　教課實錄

授課教師：臺灣師範大學潘麗珠教授
觀　察　人：遼寧師範大學鄭艷副教授
授課地點：陽明高中高一年級
授課時間：二○一七年三月十六日上午十點至十二點

老師：以前我們上過很多關於自然、關於地景各方面的書寫，對嗎？三月十六日之前你們是自然的書寫，包括自然地景植物的書寫。待會我就從這個方面繼續往下進行，再談寫作的要領。尤其對你們自己而言，在沒有老師教的時候，你們也應該學著自我鍛鍊進行學習。因為有許多功夫不是等老師教的，你要知道聰明的孩子不是等老師給你，而是老師有沒有給你都要自行慢慢揣摩，要知道，別人給你的別人是可以拿走的，你自己揣摩出來的別人是拿不走的，重點在這裡。好，關於自然書寫呢，我是這麼安排的：首先你先了解，從一個專業的角度來說，他究竟是什麼出處？你們現在幾年級啊？

學生：高一。

老師：等你們高二、高三，可能高二下開始吧，你要準備一些資料，你們到三年級上學期的時候有一些學測，學測完你要申

請入學，對不對？所以你肯定要準備一些資料，如果你準備資料引用了誰的說法，你一定要好好地交代出處，因為這將是你進入大學時一些基本心態，我這裡會說的比較嚴肅一點，後面會說的輕鬆一點。我現在看你們的臉就感覺到大家有點兒嚴肅（同學們笑）。

我們說關於自然書寫的出處是吳明益，他是我們現代文學知名的作家，他也在大學裡教書，本身是很有名氣。自然書寫是強調感官與心靈體驗的一種寫作方式。感官包括：眼睛所見、耳朵所聽、身體所感受的溫度或者是說有些類似神農嚐百草之類的，可以試著去舔一舔啊，聞一聞。這種感官和心靈體驗，就像很多時候我們看到一些遊記啊，或看到人家寫文章。寫我到哪裡去，我看到的旅遊地的建築怎麼樣，那邊的風土人情怎麼樣，另外人和人之間交談怎麼樣，於是，你覺那個文章寫得真好。說不定你可能也看了，也覺得那個地方可以去走走。這樣的文章美則美矣，但是有個缺點，就是缺少關乎心靈的跟當地的溝通體驗。你去那個地方，那個地方對你產生怎樣的影響或作用？比如說你來到陽明高中讀書，那陽明肯定會對你有一些潛移默化的影響，如果這個潛移默化沒有被彰顯出來的話，這樣的文章就還不夠到位。

那麼，吳明益在這裡講的是心靈體驗，如果你對那些感官寫出的只是你的感受，就是我們我們所說的，眼睛所見、耳朵所聽，那麼也許是觸覺的、也許是嗅覺的，這些感官的體會之外，還有你心裡面的變化如何，比如說你感受到的人生怎麼樣，或者是人跟人之間怎麼樣，人跟事之間怎麼樣，人跟宇宙怎麼樣。我們如果有一些深層思考的話，那麼這篇文章就會顯得生動，這，就是「自然書寫」的內涵。我稍微

歸納一下從特色上來講：

1. 是以「自然」與人的互動為描寫的主軸。
2. 作者「涉入」現場觀察、凝視、記錄、發現自然的運作過程。

　　什麼是涉入？就是你一定也要到那兒去觀察，所以像范仲淹寫〈岳陽樓記〉，居然沒到岳陽樓去就能寫出〈岳陽樓記〉，那不簡單！可是這就不能叫作自然書寫了，因為他沒有到現場去真正的觀察。我們再說徐霞客，〈徐霞客遊記〉那是真的不一樣，因為他確實是真正去過的，也就是說是真真正正的去觀察。我們當代有個很有名的觀察鳥類的詩人、散文家、小說家劉克襄，他也是真真正正的戴著帽子、帶著望遠鏡、照相機什麼的裝備去做記錄的，都是直接涉入現場。

3. 以個人敘述形式呈現。

　　就是從「我」這個角度出發，這是第一人稱觀點。還有，第三人稱觀點他（她／它），另外有一種是「全知」觀點，希望你們先有所了解。

　　其實自然書寫是我們生活環境中的一環，而且是重大的一環。各位應該知道現在大氣變化得十分厲害，很多時候跟我們對環境的疏忽有很大的關係，我們太習慣使用一些方便的但是可能造成了不好效果的東西，也就是說我們老祖宗講的「自作孽」吧，就是說我們人類做了很多事情都是對大自然不友善的。而現在人類有所覺悟就強調，我們應該站在一種跟自然對話的角度，去思考怎樣才能夠跟自然更好地相處共存。對各位同學來講，氣候變遷也罷，或是環境、社會遷移的現象也好，對你們的影響，這些似乎都沒有關係，可我

覺得「反思」實質上是對你們有幫助的。如果說你有興趣對於環境進行自然書寫，你若在環境這一方面有一定的認識和掌握的話，它會幫助你，讓你的觀察力變得敏銳，讓你的書寫更有情感，讓你對文字的運用更加精確，所以它不只是一個「了解」的問題，還有一些實質上的作用。

這裡我把它歸納出來，就是說你在自然書寫過程中，不管寫動物、寫植物、寫環境、寫鳥類等等，書寫的要點應該是：

1. 以自然界為寫作主體。

例如「自然——植物」是描寫的主要思考，那麼今天我們主體就是植物，其他不是不能寫，可卻是次要的，不能喧賓奪主。

2. 自然知識之必要。

文章當中要表現出，你對於某一個植物、某一個現象所具備的基礎知識，這是暗示人家你確實讀了書，做了準備，你是有依據的。在大學裡面，學生寫報告和老師寫論文都一樣，需要有理有據，這個理據的意思不僅僅是有邏輯的，還有就是你所依據的是什麼道理，究竟是怎麼樣觀察的，更重要的是當你引用什麼知識的時候多少流露出來你是看過書的「讀書人」。這點我覺得真的非常重要，因為你看過多少書，你引用的東西別人一看，就知道是不是行家！比如你引的一些散文，如果你引的是優秀作家的篇章，那麼別人會說你是個內行人。還有，假設你引的是古代的作家，我們在閱卷時最常碰到的是誰？你們知道吧？作文試卷裡最常碰到的文學家是誰？最常引到的是誰啊？李白啊？錯！還有個比他更常見的，宋代的誰啊？

眾生齊答：蘇軾

　　對了！蘇東坡蘇軾！那麼你就要想到一件事情，如果大家都引用蘇軾，你當然也可以引用啊，如果別人能做得到，那你也不能夠遜色。但是你得記住一件事，如果你舉蘇東坡為例，你舉的例子應該要稍稍新穎一點，好跟別人不一樣，有區別性。或者說除了東坡，我們另外一個策略，就是你多引一、兩個人，也就是說大家都引蘇東坡、都引李白，你就要去想我要不要引杜甫？或者要不要引陶淵明？或者要不要舉其他知名的人？這是一種暗示，暗示閱卷老師，我讀過很多書，下過功夫。

3. 作者一定要有實境經驗的觀察。

　　這樣才可以有真實感，才可能說出獨到之處，而具有說服力。

4. 要有超越人類中心的環境倫理觀。──人與環境、宇宙的思考（對話）。

　　通常，我們說的跟宇宙對話是一種哲學上的思想，你的文章能不能表達出一定的人性關懷、環境對話，可以見出寫作的人他的胸襟和視野。

5. 記錄，修改文字，使之具有文學性。

　　平時養成記錄修改文字的習慣，文思會比較敏捷，文筆相對會比較好。但考試的時候很少有時間修改，你前面寫的選擇題假如花費時間比較多，使得你幾乎沒時間修改，那怎麼辦？講到這裡我順便先提一下，你們通常寫錯字怎麼修改，用立可白（修正液）對不對？或者是塗黑圈圈呀，這很麻煩，使用修正液常忘記填上想修正的字，塗黑圈圈像是在試卷上貼狗皮膏藥似的，造成閱卷老師的不良印象。我跟你

們說，當你們考試寫文章遇到錯字，不要貼狗皮膏藥，也不要貼傷疤紙（塗修正液），那改個錯字要怎麼辦呢？在那個字的右下方打個小×，正確字寫在下面就行了，因為你貼傷疤紙、還是狗皮膏藥都不好看，那會影響到閱卷老師的主觀心情，我閱作文卷十多年，這個經驗太豐富、太清楚了。

我時常鼓勵我的大學學生用俳句寫日記，如果你不知道俳句，那你總知道日本動漫〈櫻桃小丸子〉吧？櫻桃小丸子那位爺爺啊，遇到尷尬的時候會有幾句簡短的獨白，雖然那幾句話有點搞笑，但是簡短的獨白練習是一種自我鍛鍊，就像武俠小說裡的俠士每天練功夫的道理一樣。

接著請注意，我會在文學性這三個字加了顏色表示是非常重要的。現在請大家來進入看畫看圖的時間，待會我會讓你們討論。

圖一　蘇堤柳青青

我給它（圖一）起了個標題：蘇堤柳青青。這樣做是有作用的，如果你自己寫文章，是你自己自發的創作，你一定會自己定題目。現在的考試，也有可能要求考生自己擬定題

目，比如說自定題目寫一篇多少字的文章之類。那要求擬定
題目的時候，你要知道，題目是吸引人來看不看你文章的一
個重大誘因，這很像是一本書的封面和標題，又像是雜誌裡
面或者報紙上面那些非常聳動的題目，目的就是要讀者在看
的時候，一下子被標題抓住眼睛，讀者就一定想要看，所以
題目很重要很重要。而我給你的建議就是不妨從圖片下手，
利用手機的快捷方便，把很特別的一些東西來拍下來，或者
是拍同學們可愛的笑臉，再或者是你的自拍。拍了照以後，
不妨為這些照片下個標題，就是鍛鍊自己的頭腦思索文字，
我們把它稱作是頭腦體操的文字運動，或者說是文字的頭腦
體操。

　　那麼，以圖一來說呢，你看，最主體的當然是「柳」對
不對？那邊是蘇堤對不對？所以我下的標題是：蘇堤柳青
青，感覺有一點詩情畫意。

圖二　常德柳葉湖

　　好，圖二是常德縣的柳葉湖。所以題目就是：常德柳葉

湖。我原先想還能不能給它加一個形容或者是顏色的詞彙，
於是改成了：常德柳葉湖邊綠。「綠」使得畫面更加動態了
起來。你們以前學過王安石的一句詩叫「春風又綠江南
岸」，據說這個「綠」字他當初改了九次，有「吹、滿、
過」等等，直到改了這個「綠」字才感到滿意，覺得最能表
現江南風景的美好。

圖三　風裡垂楊千萬綠

　　常德湖的水，還有柳樹翠綠的葉子，那個柳葉枝條的感
覺非常濃密，同時呢感覺這個柳葉有一種暈染的味道。那麼
根據張曉風的說法呢，所有的樹葉都是點狀式的，或者是塊
狀的，只有柳葉是線條狀的，所以（圖三的）標題是「風裡
垂楊千萬線」。給人的感覺呢，是一條又一條的又是密密的
線。這樣的題目一方面比較精煉，另一方面很重要的就是
說，會讓人想看這到底是什麼，或者說這個標題名字很漂
亮。這種感覺就像說，我在大學裡服務，學期剛開始的時候
會先拿到學生的點名單，我拿來細看，這個學生的名字很好
聽，我就可能會先去設想這個孩子會長什麼樣子，這就說明

這個孩子的名字吸引到我了。一樣的道理，比如說，我進到你們學校裡來，看到建築就覺得古色古香，看到不同樓的名稱的時候，便覺得很有意思，會設想這是怎麼樣的一棟建築。諸如此類，所以命名本身是很重要的。

圖四　江南柳依依

圖四是江南光景，可以看到畫面上是小橋流水人家，又因為有柳，所以是：江南柳依依。依依，有眷戀的意思，江南水鄉多垂柳，彷彿與人家依依不捨的樣子。

圖五　柳下無人催別離

　　圖五也是柳。但是柳這個字，在我們的文學中是有傳統象徵意義的，是怎麼樣的象徵意義呢？通常就是，好哥們！你要遠離了，你要到哪兒去？現在我們在碼頭了，你要搭船走了，或者是騎馬離開了，我折一枝折柳送給你。折柳送給對方，為什麼折柳送給對方？因為「柳」諧音「留」，所以「折柳陽關」或者是「折柳送別」，就是說友人啊，雖然不知道你什麼時候回來，但是請你記得我，如果你能留下來不走的話就更好了。將來你們讀到古典文學當中，不管是詩詞歌賦啊、文章啊，只要談到柳，基本上都跟「送別」有關係。所以這裡的標題就是「柳下無人催別離」。因為有的時候呢，你送了柳就是表示有人要走了，那現在這裡沒有人，就好像是你送了柳之後，對方就依依不捨地離開了。所以我給它定了一個這樣的標題：柳下無人催別離。這樣一個標題，不單單是寫出了這樣的畫面，而且還點出了一種心情，或者說暗示出了那個畫面的背後故事的味道。

圖六

　　現在我需要每組討論一下這個（圖六）畫面，請你們想一想，討論給它定一個什麼樣的標題？（回放 PPT，給學生討論商量的時間）記得，不一定要用那種很深的辭彙，可以是五個字也可以是七個字，字數沒有限制。請小組內商量一下選出你們覺得最好的那一個。

老師：第一組，題目是什麼？

學生：（齊）潺潺流水映柳垂。

老師：挺不錯的，潺潺流水真的有誺！在這非常非常切實，潺潺流水映柳垂，不是「映垂柳」哦，而是「映柳垂」把動詞放在後面更加生動了，因為「垂柳」的話「垂」變成形容詞了，「潺潺流水映柳垂」的話「垂」是動詞，很棒很不錯。來，第二組請說出你們的答案。

學生：望柳思船盼歸人。

老師：望柳思船盼歸人，如果「望柳」是望念柳樹，是在等待心上人或者是等待的良人什麼時候回來的這種盼歸，可有意思

了。而且船呢，有一個很好玩的地方，圖片上根本沒看見對吧？就像是思念的人兒橋不見一樣。我們就事論事，同學們請看，這個橋有點低，船可能有點矮所以被擋住了？

學生：船的停泊點可能在前面

老師：很好！停泊點在前面，如果他是站在這裡就會往這邊看，很有意思。接下來第三組。

學生：有心插柳柳成蔭

老師：這一組的聲音比較小，是慵慵懶懶組，哈哈，振作一下。有心插柳柳成蔭。之前他們寫的是：無心插柳。我說這個怎麼可能？柳長成這個樣子肯定不可能是無心插柳，一定是刻意種植的對不對？非常機智！好，第四組。

學生：天茫柳青水潺潺。

老師：這個「天茫柳青」有點兒武俠小說的味道，「天茫」、「柳」又是青的，再加上「水潺潺」，也是很切合的。剛好三位男生看起來都很高帥的樣子，大概功夫也很不錯。來，第五組請展示一下。

學生：金絲似幔安得留。

老師：我剛才聽到有人說文藝腔，文藝腔有什麼不好？本來我們就在講「文學性」嘛，文藝腔沒有什麼不好哦！「安得留？」就是如何才能留住人呢？對不對？這個句子有顏色，漂亮！又用了個反問，其實是希望對方能留下。我覺得這個句子挺好。接下來，第六組。

學生：垂線伴河邊。

老師：垂線指的就是柳樹，言簡意賅，而且很有擬人的動態，並且表現一種多情的韻味，用「伴」字的感覺，挺好。請下一組。

學生：陰陰河岸柳葉雨。

老師：很詩情畫意，相當好。請最後一組。

學生：春芳河畔柳葉餘。

老師：「柳業魚」？是哪個「餘」呢？

學生：是餘下來的「餘」。

老師：真是挺不錯的，句子的結構顯示很有意思的想法，春芳是有
　　　香氣的，「柳葉餘」好像是非常多的意思，因為「餘」有剩
　　　下的意思，多出來才會有剩下嘛。同學們，第一次的表現相
　　　當不錯，給自己一個鼓勵！

學生：（掌聲）

老師：來咯，有第一次熱身的經驗了，應該考不倒你們了對不對。
　　　我繼續考你們！看，（圖七）也是柳樹，我們怎麼從不同的
　　　角度去寫呢？

圖七

生甲：那個花是什麼花啊？

生乙：桃花。

老師：桃花，對了！被你說對了！但是呢，你管它什麼花呢，你也

可以說紅花，反正有顏色嘛！你們常會忘記了水。來，討論！這個時間我要壓縮了哦，不會給那麼多時間了。你也可以回憶曾經背過什麼樣的詩句，把詩句改一改也行。

學生：（討論中）

老師：有沒有？好像把你們難住了，有沒有小組想出來了？因為時間關係，那這樣子，我們想出來的句子，就請安莛老師或者另外一個老師幫忙加分了。我們就從第一組開始，這裡已經出來了，來，預備──

學生：青青柳絲情誼深。

老師：青青柳絲情誼深，這個標題呢很有味道。不過老師一定要挑一下眼，挑什麼眼呢？你的情意可能因為它陪伴了紅花，但我覺得這部分實質上沒有處理到。而且，他們這個題目很有意思哦，青青柳絲情誼深，我告訴你們，只要碰到柳的都可以用，所以用一句話打通關，很聰明！下一步可以繼續啊！來，第二組出來了，對吧？

學生：一簾青絲紅桃掩。

老師：一簾青絲紅桃掩，「一簾青絲」啊，真是太好了！然後呢，柳跟那個花都照顧到，不錯不錯。好，來，第三組出來了嗎？

學生：河畔青柳一點紅。

老師：潘老師給你一點意見，就像剛剛我有一組只改一個字，你這個詩能不能改成數點紅？還真的去數幾點啊？其實你用一點紅也沒有錯啊！但如果是數點的話，是不是感覺比較活潑？那「萬綠叢中一點紅」，「一點」就很突出，這裡的話，它其實還不是。我們看，比如說很多男生當中就只有一個女生，萬綠叢中一點紅，通常「紅」就是指那個女生。哪，這個地方你們都很清楚，這裡並不是一朵。不過這只是建議啊，我

真覺得不錯。

　　來，第四組。「湖邊垂柳襯玄都」是嗎？這個句子非常有內涵，因為那個玄都呢，好像可能是在這邊的啊，也可能是在那邊，所以到底是在哪，就是因為不知道，所以叫玄都，嗯，好好好，我們把這一輪輪完，下面這一組：紅桃綠柳似連理。好像相親相愛的感覺哈，非常好。來，下面一組：紅花綠葉綻生機。哪個「綻」？

學生：綻放的「綻」。

老師：紅花綠葉綻生機。蠻寫實的，也把握住了要點。來，下面一組，請。

學生：垂柳桃花流水印。

老師：垂柳桃花流水印，用了「印」這樣一個動詞，因為畫面有「心心相印」的韻味，好，挺不錯的。最後一組是什麼？「春桃綠柳人長久」，人長久有這樣一種欣欣向榮的感覺，而且此行不歇啊，就像我們剛剛說的，「柳」同「留」，希望說情感可以永遠保持下去，不錯啊！

課間休息

　　好，同學們我們上課囉，本來老師選了好幾張圖片，今天機會難得願意多花一點時間，和大家多交流一下。

　　一幅畫面（PPT 播放相應圖片：柳樹下，河上有一艘孤舟），我們古典詩歌當中，有跟這幅畫有關係的一句詩，叫作：野渡無人舟自橫。這樣子好了，你們先把這句話寫到課本上，野渡無人舟自橫。你可以考慮，把前兩個字改成什麼，跟柳有關係，把它變成一個通順的句子。你把野渡那兩個字圈起來之後去想，我們今天的作業就是怎麼樣把「野

渡」兩個字改成跟「柳」有關係，讓它變成通順的或者說滿意的句子。

　　因為時間的關係，我必須要繼續往下進行了，我希望能夠跟你們多講一點啊。真沒有想到，我們學校的校樹居然是木棉啊，正好我選擇的這篇文章跟木棉有關係，請你們聽聽老師讀的內容，眼睛跟著 PPT 來看。

老師放音樂，音樂聲中朗讀散文

所有開花的樹看來該是女性的，只有木棉花是男性的。

木棉樹又乾又皺，不知為什麼，它竟結出那麼雷白柔軟的木棉，並且以一種不可思議的優美風度，緩緩地自枝頭飄落。

木棉花大得駭人，是一種耀眼的橘的紅色，開的時候連一片葉子的襯托都不要，像一碗紅麴酒，斟在粗陶碗裡，火烈烈地，有一種不講理的架勢，卻很美。

樹枝也許是乾得很了，根根都麻縐著，像一隻曲張的手──肱是乾的，臂是乾的，連手肘手腕手指頭和手指甲都是乾的──向天空討求著什麼，撕抓些什麼。而乾到極點時，樹木爆開了，木棉花幾乎就像是從乾裂的傷口裡吐出來的火焰。

木棉花常常長得極高，那年在廣州初見木棉樹，不知是不是因為自己年紀特別小，總覺得那是全世界最高的一種樹了，廣東人叫它英雄樹。初夏的公園裡，我們疲於奔命地去接拾那些新落的木棉，也許幾丈高的樹對我們是太高了些，竟覺得每團木棉都是晴空上折翼的雲。

木棉落後，木棉樹的葉子便逐日濃密起來，木棉樹終於變得平凡了，大家也都安下一顆心，至少在明春以前，在綠葉的掩覆下，它不會再暴露那種讓人焦灼的奇異的美了。

　　讀過一遍之後，是不是有點兒印象了？我相信你們讀書的時候應該有這種經驗，可能一邊讀書一邊放點兒音樂。當然每個同學喜歡的音樂不太一樣，有的人喜歡輕音樂，有的人喜歡那種比較重一點的搖滾。在讀書的時候放一點音樂其實是好的，特別是這些文學性的作品。剛剛我為什麼花一點時間讓大家一邊聽著音樂，一邊聽著我讀，那也是希望對你們有相互輔助的學習正增強。我不會逐字逐句地講，因為這篇文字並沒有很難懂，我只讓你們探索一下。開花的時候是這樣對吧？（PPT 展示圖八）

圖八

　　我們在校園裡的時候，見過木棉樹開花，對吧？我們校園的花沒有這麼密，就只有幾株，你們知道木棉開花的時候就是像這樣豔紅色的，然後，上面也提到——剛剛那篇文章裡——我們的棉絮是這個樣子的，如果放大看，是雪白柔軟的木棉。而有趣的是，它跟一般的樹木不一樣的地方在哪裡呢？就是說有一個地方很不一樣。這裡頭提到一個非常有趣的說法，「所有開花的樹看來該是女性的，只有木棉花是男性的。」為什麼這麼說呢？因為所有的花是什麼，不知道你

們有沒有注意到，當木棉開花的時候是沒有樹葉的，這就是不一樣的地方，其他的樹開花的時候是有樹葉的。你們有沒有留意到？感覺上，我們一般都認為說，女生好像需要有男生的陪伴。女生比較柔弱一點，男性比較陽剛，作者的意思就是說木棉花，它完全沒有綠葉陪伴的噢，所以它有這樣子的一種說法。可是重點呢？我們重新溫習一下，剛才幾個重點：

1. 以自然界為寫作主體，「自然——植物」是描寫的主要思考。
2. 自然知識之必要。
3. 作者一定要有實境經驗之觀察。
4. 要有超越人類中心的環境倫理觀。——人與環境、宇宙的思考（對話）。
5. 記錄，修改文字使之具有文學性。

　　然後，我們回答以下的問題——
　　第一個問題：〈木棉花〉一文，自然書寫的主體是什麼？
　　很簡單對不對？自然書寫的主體就是「木棉」。
　　第二個問題：由哪些內容看出作者的自然知識？
　　你覺得有哪些地方是自然知識？其實這裡有一個微妙的地方，自然的觀察必須跟作者的自然知識結合，所以如果它寫出來的那個觀察，假設跟他的知識不吻合的話，那麼這樣的寫作就是錯誤的。所以他怎麼去描寫木棉的，注意一下，他有提到說「木棉花大得駭人，是一種耀眼的橘的紅色，開的時候連一片葉子的襯托都不要，像一碗紅麴酒，斟在粗陶

碗裡，火烈烈地，有一種不講理的架勢，卻很美。」這一切是真實的，再加上一點文學方式的形容。可是當他寫說：「肱是乾的，臂是乾的」，但是整棵樹的那種乾的情況，好像裂出來的那種情形啊，像這種就是知識上的寫實，尤其他提到說，「乾到極點時，樹木都爆開了」，這個就是自然的知識，還有它「結出雷白柔軟的木棉」的這些描寫，既是寫實觀察，另一方面也是知識。因為寫實必須跟知識相依附、相近，否則的話，他就不對了。

　　第三個問題：文中作者的實踐觀察何在？

　　我說了，「寫實觀察」和「自然知識」這兩個是在一起的，你如果仔細的去看，我們先把它記住，第一個解決了，主體是木棉。第二個是知識，第三個是觀察，第四個是思考、對話，第五個思考哪些是文學性？所以關鍵字是這樣記的：主體、知識、觀察、思考、文學性。跟著我複誦一遍。

學生：（複述）主體、知識、觀察、思考、文學性。

老師：同學，你記下來了沒有？如果記下來的話，那我們回到這篇文章上，主體我們解決了，對不對？那知識我們也解決了，第二是知識，第三是觀察，你看看文章，作者怎麼去看它，像這些敘述都是觀察對嗎？還有它長得很高，這些也都是觀察，對嗎？看「又乾又皺」啊，結出木棉花，這邊既是知識又是觀察，然後「緩緩的自枝頭飄落」，這是觀察。那什麼地方有對話、思考？前面這一句其實就是作者主觀的一個思考，樹還分男女啊？很少人會這樣想對吧？還有什麼地方呢？作者說：「木棉樹終於變得平凡了」，原來樹有平凡不平凡麼？他所謂的平凡是就他自己來說的，不是就我們的眼光來看的，當它沒有被大家這麼注意的時候，好像它就變了，其實所有的樹都是我們常常經過而不注意的不是嗎？但這裡

就是說「終於平凡」，這就是他的一種思考了。「大家安下一顆心，不會再那樣令人焦灼。」焦灼什麼？花什麼時候開的？開了會不會掉啊？掉了之後又怎麼樣呢？作者有他的心情寫照。

這一篇文章叫作〈詠木篇〉其中有這麼幾段書寫木棉花，現在有一種寫作的方式，學測或指考中很少見到有人這樣寫，若你們有可能這樣寫，你的分數應該會跳起來，比其他人高。這種寫作方式叫作「連綴體」。具體的寫法是：大題目先給定下來，每寫兩三段，我就用一個小標題。每一個小標題都用一點心思，不一定是幾個字，只是讓它們彼此之間有關係。比如說，舉個例子啊，曉風的這個〈詠木篇〉，其實它的前面是柳樹的柳，第二篇是木棉花，後面還有。這種寫作手法在現代的散文家發表的作品中非常、非常的常見。

潘老師也曾經寫過一篇跟老人有關係的文章〈耆耇圖〉，你們可能不知道，分了好幾大段，每一段的前面我都加了一個標題，比如說「師大的老楊」，臺灣師大以前那個敲鐘的老先生，他姓楊，我們都喊他老楊。那又比如說「師大路上的修傘人」，我們文學院大樓的側門出口是師大路，早先的時候有一個修傘的老先生。另外呢，總是抱著球在操場上打籃球的老人家，小標題名稱是「操場上的阿寶」。總之，我就是把師大不同的地方的老人都寫了，之後串聯在一起，這就叫作連綴體。事實上我今天講的這一些，或許你在平常可以試試看，你要寫一大篇的話，整段起承轉合，或許會有一點累。如果你要是一小篇一小篇的去寫，例如，想到一個主題就寫，再想一個主題去寫，每一小篇定一個小標題，結果就串成了一大篇。那這個在我們說，大考的時候還

沒有看到有人這樣寫。你們不妨平時練習練習試試看，很特別的。

　　接下來看我的問題，哪一些具有文學性？那些個感覺上面比較誇張的擬人手法，表現的其實是有文學性的。可惜因為時間的關係，我本來希望你們說一說，但是時間真的不太夠，現在我要你們記得一件事情，我們是可以透過課文本身增進我們的寫作能力的。比如說，如果我以剛才的張曉風的〈木棉〉作為增長寫作能力的練習的話，這個是她的原文，我只選了三段。「所有開花的樹看來該是女性的，只有木棉花是男性的。」女性改成陰性，紅色的部分，男性就是陽性，課文原文是：「木棉樹又乾又皺，不知為什麼，它竟結出那麼雷白柔軟的木棉，並且以一種不可思議的優美風度，緩緩地自枝頭飄落。」改成「木棉樹又乾又皺，不知為什麼，它竟結出那麼超白柔軟的木棉，並且以一種不可想像的優美風姿，慢慢地自枝頭掉落。」「雷白」改成「超白」，「雷」是什麼意思？就是表示特別白的意思。所謂的「雷」，如果說：「哇，這人好雷哦！」就是說他好轟動。所以這個「雷白」我改用「超白」，可能是我們這裡比較常見到的詞彙。並且文章裡邊是說「不可思議的優美風度」，我改為「不可想像的優美風姿」。作者用「緩緩的」，我用「慢慢的」；她用「飄落」，我用「掉落」，我改了之後到底好不好？本來呢照理說，改，要越改越好，但是我們做練習的時候不見得能夠越改越好，可是這卻有個很重要的作用，雖然可能改的不好，卻表示我開始動腦筋，思考了，而且重要的是「我」有能力。只是說你改了好或不好呢？這一點來講，當你的閱歷不斷增加以後，你操作的次數、自我鍛鍊的次數多了，你的能力就會越來越強！可是如果你從來都沒有操作過，你從來

都沒有給自己這種機會的話，能力就不可能增強。

再過來，木棉花文章裡邊是「駭人」，我這裡是「驚人」，還有呢，「耀眼」我用「刺眼」，「襯托」我用「陪襯」。接著呢，「紅麴酒」我便用「紹興酒」；她用「斟」字，在我用「倒」。然後呢，她用「火烈烈」，我用「火辣辣」，「架勢」我用「樣子」。這樣改了之後，其實跟作者的原意沒有差太遠，可是好壞的地方呢，我們就來分析一下。

你們可以看到，照理說，「女男」改為「陰陽」，其實它相對來說呢，真的沒有什麼區別，但是在潘老師的想法裡，「陰陽」要比「男女」的層次高一點，因為男女是什麼？世俗男女，而陰陽是天地陰陽，氣象格局不一樣。但是不是每一個都是這樣子呢？不見得。我覺得她用的「雷白」，感覺上好像有那個打擊的作用，感覺上面「哐」一下的那種白，可是當我改用「超白」的時候，雖然一樣有一點口語，卻比較是臺灣的用語。

順帶著在這裡我要提醒一下你們，寫作的時候一定要記住，那種太口語化的字詞不要出現在你的文章裡。什麼叫作「太口語化」？舉例：這個東西一級棒啊！有的時候我們講話就這樣講，但請你不要把「一級棒」這樣的詞語放進作文裡來，因為寫作時應該使用書面語，我們說話是口頭語。比如說：「摳門」和「你怎麼這麼毒啊！」你如果要把那個「毒」或者「摳門」，寫到文章裡面去的時候，除非是在對話的時候，那沒問題。但如果是在敘述的時候，說這個人說話很「毒」，除非你加引號，加引號表示這個「毒」有特殊的意思，不是中毒、狠毒，而是毒辣。否則的話，別人可能會曲解。這種情形，其實是口語和書面語的混淆。這一點希望你們可以留意一下，之後你們的老師也許會再做進一步的

說明和舉例。再強調一次，口頭語和書面語是有區別的。同學們實在有太多的時候，會把口頭語帶到書面語中。比如說你們寫黑板會寫：今天的值日生是某某某。那個「的」很多人就用日文的「の」，而居然有不少的學生在寫作文的時候把這個「の」的日文寫進去了，這些都是不對的。我們講把次級文化──就是同學們流行的那種和一般社會主流行文化不同──帶到寫作中去，如果你是在進行分析，那是可以的，可是你若是寫成文章的話，那就不行了。這之間的區別要請你們留意。

回到這裡，我覺得「超白」沒有「雷白」好，雷白比較形象化。「不可思議」和「不可想像」，「思議」的感覺比較思議，「想像」的感覺比較不思議。為什麼這樣說？因為想像比較常見，想像在意義的韻味上比較差。「風度」跟「風姿」有什麼不同？「風度」有風姿加氣量、氣度的意思，所以用「風姿」好像少了一點什麼。那麼「緩緩」跟「慢慢」呢？我覺得沒有什麼差異。一定要講一個差異，「緩」真的有「慢」的意思。「慢」感覺比較快，為什麼這樣講你知道嗎？來，同學跟著我念：「緩緩」。

學生：緩緩。

老師：慢慢。

學生：慢慢。

老師：緩緩。

學生：緩緩。

老師：慢慢。

學生：慢慢。

老師：你有沒有感覺，你念「慢慢」的時候比較快？兩者的意義其實沒有差別，可是在讀音上就有差別了，緩是第三聲，慢是

第四聲，第三聲的聲調音值（214：）比第四聲（51：）要慢一點，請大家留意一下。木棉的棉絮是飄的感覺，飄的感覺應該是輕輕、慢慢的，所以還是「緩緩」好一些。

還有呢，「駭人」跟「驚人」有什麼區別呢？其實意義上也沒有區別，但是這裡有個重點，（教師反覆誦讀，並且拍桌子提示）你能感覺到聲調的不同啊，同樣的意義，但聲調不同味道就不一樣了，所以這一點請你注意一下。雖然我改了「驚人」，可是我得承認「駭人」要比「驚人」更講究一點。

那至於「飄落」跟「掉落」，我也認為「飄」比「掉」好，為什麼？因為「掉」的感覺是一下子落地，飄得感覺是緩慢的。你讀一讀就知道了啊。

然後呢，「刺眼」跟「耀眼」在我覺得不太一樣，因為「耀」是「Bring, Bring」的那種感覺，「刺眼」是那種有光閃過刺入眼睛的感覺，「耀眼」則是它本身發出了很多很多光亮的那種情形啊。

至於「襯托」跟「陪襯」，我認為「陪襯」要比她的「襯托」來得有情感，陪襯有「陪」的味道，有那種擬人的感覺。

「紅麴酒」比「紹興酒」好，為什麼呢？因為紅麴酒的顏色啊，它顏色比較像木棉，而紹興酒的顏色比較沉一點，比較不接近木棉。如果你知道紹興酒的話，它比較暗沉，不像那個木棉的顏色那麼麼的亮。

那麼「斜」其實它本身也是「倒」。可是那個「斜」的感覺，因為是第一聲的關係，是很優美的倒的感覺。而這個「倒」，雖然也是慢慢倒啊，可是用「斜」字，聲情上有一種優美、優雅的感覺，因此儘管意義是一樣的，可是詞的味

道不一樣。

再來「火烈烈」和「火辣辣」，我想各有長處，因為「烈烈」呢，感覺上要用火燒，「辣辣」是味覺上的感受。那「架勢」跟「樣子」怎麼樣？「樣子」比較籠統，「架勢」更像是肢體展舒開來的那種味道。

好！同學們留意一下，我希望你們能夠建立「辭彙庫」，我剛剛講詞語詞兩者之間，有什麼不同。你留意一下，很多人不知道「美麗」跟「漂亮」有什麼不同？「漂亮」是一看見就漂亮，「美麗」是需要相處一段時間才會發現，是不是？「美麗」經常是我們要接觸一段時間那種美好，所以才會有「內在美」跟「外在美」的區別啊。

你們常常不分這些辭彙到底有什麼區別，老師給你們的建議就是，你不妨經常思考：我到底有沒有什麼不同的詞可以用？我再舉個例子，像「你在哪裡服務？」就是比較穩妥的說法，「我服務於臺灣師範大學。」我可以這樣講。但是大陸的朋友們常常會問我：「潘老師，你是搞什麼的？」有一段時間我去大陸交流非常頻繁，他們看我的專長，就問我說：「到底你的核心、主軸是什麼？」我就說：「我什麼都不搞。我是研究文學與戲曲藝術的。」大陸學者的這種問法並不是不禮貌，只是習慣性的措辭這樣問，其實他的意思就是問「你在哪兒工作」或「你的專業是什麼」而已。但是在臺灣，「搞」這個字的思維是負面的，幾乎沒有正面的解釋，比如說「搞錢」、「你搞什麼鬼？」、「你搞什麼？」等等。我們用這個詞時，內心是很生氣的，因為對方做錯事了嘛，譬如說「搞錢」。還有某些男生「搞女人」，又比如「搞七捻三」。你會發現用「搞」這個字都是負面的，所以不要輕易亂「搞」，我們並沒有說好好搞的，對吧？潘老師在嘗試著

告訴你們，有些字詞，你用在什麼地方什麼語境，它事實上都有分量之分和情感之別，也有正向意義跟負向意義的區分，而你們要小心去面對和使用它們。再比如說「服務」和「高就」，如果迎面走來一個人，這個人的工作是開計程車，那你問他：「你在哪兒高就啊？」他可能會很不舒服，因為他可能會覺得，他就是一個開計程車的，哪裡有什麼高就不高就的，他可能覺得你在諷刺他。所以最安全的說法是「你從事什麼行業？」這個「高就」雖然很文雅，但是並不是每一個場合都適合。

還有，同學們最常講「死了」。可是還有很多不同的說法，例如「羽化而登仙」，這個在以後的〈赤壁賦〉中你們會學到。我們想請你留意下，這個「駕返道山」是男性去世，「駕返瑤池」是女性去世的說法。請你注意一下，那如果你要忘記了，沒有關係，起碼你不要講「死了」，那，講什麼呢？比如說講「往生」，我們可以用這個詞，相對顯示我們讀了一些書。寫文章的時候也是，讓你說最感動的事情，結果造成一堆閱卷委員互相打趣的問：「你今天死了幾個？」什麼意思呢？因為很多同學都在文章裡面說家裡的親人或寵物死了，反正，大家閱卷的第二天、第三天見面的時候就會說，你今天死了幾個？意思就是一說感動就是死，有的時候死的還是動物，後來就有閱卷委員說，人還不如動物。大家要記得這件事，回頭再寫感動的事，不要去寫家人死了，朋友死了也不可以，反正就是不要去寫人死了。誰說一定要死了才感動？感動的事情多得不得了，非得死了才感動嗎？你是怎麼樣的人啊？你這人是鐵石心腸？非得到人家死了你才感動？這有問題啊！還有呢，動不動就死了、死了，我忍不住想：你到底是讀過書沒有啊？你讀了書了之後

行文用字還是這樣子？

　　總之，我的意思就是說，你們平常的時候該鍛鍊自己，當你搭捷運或者等公車，還是走在路上，隨時都可以想到動一動腦，比如說那個建築物怎樣，就想有哪個詞能用，能不能換別的，常常給自己做這種頭腦體操。那麼寫起文章來，你就有很多很多辭彙可以運用。當你有很多辭彙可以應用的時候，就表示你的知識是比較豐富了。

　　好，我們作文常見的有哪些問題呢？這一定要跟你們講，因為機會難得。大家知道嗎，我們通常在改作文卷子的時候會出現哪些問題？

　　首先是標點符號。有些人寫文章居然是一點到底，寫一句一點，就是他該打逗點的的地方，全部都是頓號，這當然是不對的。你要記得該打句號就打句號，該逗號就打逗號，該驚嘆號就驚嘆號，但驚嘆號千萬不要跟問號放在一起好嗎？再就是，你們喜歡反詰句：「難道不是嗎？」你問誰呀？有些同學文章寫到最後會跑出來三個字：「不是嗎？」閱卷老師心裡就會說：你在問誰呀？你寫文章就寫文章說你的概念，說你的情感得了，你問人家幹什麼？你問誰？沒有誰讓你問嘛！所以，行文當中非必要不要用到反詰句。

　　再就是請你注意一下錯別字，我給你們良心的建議：到了你們高三的時候，學測前的一個月，你最好呢不要用電腦打字，即使電腦打字也要試著找時間以手寫練，順便也練一卜你的字，就算不美觀也必須整齊，請大家留意一下。

　　另外就是「遣詞不精確」，什麼意思呢？就是剛剛講到的「美麗」跟「漂亮」是有區別的，我請你去深思這個問題。有時候你的措辭並不精確，比如說：這是好人，這個人很好，那個人很好，阿三很好，阿四也很好。都說好，他們

的好是一樣的嗎？不一樣的，那你這就不精確了，這暗示著你沒有其他辭彙了，所以你講的很籠統。這就是不精確，雖然我講的例子很淺，可你們要深思。

另外什麼叫「欠缺修辭」，你記得我們講課的時候提到，這裡用了擬人，那裡用了排比或者譬喻，其實這些就是修辭。而修辭方法本身呢，就是最能夠讓閱卷的人看到你的長處的。「她很美」，「美」得像什麼什麼花一樣的時候，後面這個文詞會幫助你前面的那個「美」字加分，或者是說當你要形容一個人很美的時候，你用連著的幾句去形容她的美，也就是說使用一些技巧，那麼修辭技巧會幫助你加分。

文法錯誤。我們平常講：「這個東西不錯吃。」我告訴你，如果你寫文章這樣寫就是文法錯誤。這個東西好吃，好吃就好吃，幹嘛不錯吃。留意一下，這叫文法錯誤。你說這是廣東話的說法，對不起，我們書寫的是普通話，用的是國語的文法。

還有，語義邏輯不正確。明明前面在寫這個突然打斷，比如說剛剛我們講的那個圖，明明那就是水，就是柳，結果就你就偏偏來了一個松果，這就是邏輯不正確。上下句之間的聯繫性或者是說舉例不恰當，明明你正在寫奮發向上，偏偏就舉一個苦哈哈的例子，本來你寫苦哈哈也沒有錯，但你得讓苦哈哈奮發向上之後得到好的結果，不料你老人家因為時間不夠就只寫了他苦哈哈，沒有寫到他奮發向上。那你為什麼不直接從他怎麼樣奮發向上開始寫呢？你前邊苦情幾句，他生活的境地苦到什麼程度，後來經歷如何如何，他怎麼樣奮發向上。如此一來，邏輯就沒問題了。

還有舉例證。我剛剛講過了啊，同學們最喜歡舉的例子，古代的話很喜歡舉陶淵明、蘇東坡，現代的話呢，有一

段時間很喜歡舉馬拉拉，也很喜歡德蕾莎修女，或是喜歡舉那個日本人村上春樹的例子。這種例子不是不能舉，問題在於寫的人太多了，不出彩。還有一個人也有非常非常高的出現頻率，麵包師傅吳寶春。我跟大家說，看到那個，到後來閱卷委員都會很頭疼，心想又來了。當你舉例時，得思考有哪一方面的例子是比較特別的。此外，潘老師也鄭重的建議你也不要再舉國父了，國父不是不能舉，可是寫法還是小學生的寫法的話，這樣的舉例，例如多少次才革命成功，你到現在還在寫啊，你除非能夠寫得特別詳盡細膩，否則的話，你舉他幹嘛？從小到大就沒一點長進？就像到少林寺練功，你老在那裡面蹲馬步，停留在蹲馬步，那你是不可能出師，不可能離開那個練功房的，你必須知道這一點。我的意思就是說，需要舉什麼例子，請你自己平常稍微動動腦留意一點。我們教作文的老師也應該要知道這些。

　　還有，結構缺失。我們很難在考試的時候，做到整個脈絡條理清晰。在一千篇試卷文章當中，大概只能看到三十到五十篇作文是邏輯脈絡清晰、起承轉合非常穩當，很有安排的。許多同學都是想一句寫一句，想了第一段再寫第二段。所以呢，潘老師給你們的建議是，如果你們是遇到考試，難免有點慌亂，或者不知道怎麼安排你們文章脈絡的時候，其實連綴體的散文是一種很不錯的寫作方式，因為那只要意義上可以貫穿就行，不一定要哪個在先哪個在後。

　　最嚴重的呢，就是離題，離題的話那就沒有辦法了，嚴重到可能會是零分，你寫得再好也沒用，因此千萬不要離題，至少把題目帶一下。

　　另外請你們看一下 PPT 這邊，我的標題是：臺灣重要作文考試的批改原則。所謂的重要考試是指會考、學測、指

考、企業考試或者國家考試等等。而且其他語言的考試也通
用。一般通則：扣題發揮、文筆通達、結構完整、例證妥
適、立意新穎、字跡清晰。我一定要提醒字跡清晰這一點，
老師們在改卷子的時候，他在四、五天當中，要改七、八百
份卷子，有時候更多改到一千兩百多份，所以改的速度很
快，如果他覺得你的字很難看，先入為主的觀念會覺得你的
水準不好。那你說老師我的字本來就不是很好看，怎麼
辦？請你寫整齊，整齊就是美。所以剛才為什麼我會說不要
用立可白，因為立可白要等乾了才補寫上字，可是有的人就
可能忘了回頭寫，我才會說你在那個字的右下角打個小叉，
把正確的字寫在那個字的下面。

接下來，我要講的這個很重要，請你不要寫的字太大，
也不要寫得太小，不要小的超過百分之五十，因為字很小放
到電腦上面的時候很不容易看，老師們需要放大，閱卷看起
來很不方便。那麼最好是怎麼樣？通常你考試的時候，字的
大小約略是那個格子的百分之八十最理想。而且請用深藍色
或黑色的筆去寫，才能夠清楚醒目。卷面乾淨，書寫整齊，
大小適中，對閱卷者而言，心理的基本分數就會上來了。

得分要件：修辭出色、脈絡清晰、情意真摯、標點正
確、書寫工整。

修辭比較難，但是也不是辦不到。說自己的話，不要總
是引言。我們說站在巨人肩膀上很重要，可是你用別人的話
幫襯你的時候，相對的自己的話就會少。說自己的話，才容
易讓人感覺情感真摯，是真正的在說他自己心聲啊。然後標
準正確書寫，我是說工整書寫。

失分可能：文不對題、思緒散亂、上下文邏輯不通、舉
例泛泛、錯字連篇、標點錯誤、龍飛鳳舞。剛剛我們講龍飛

鳳舞，因為有的同學寫得太快啊，特別是千萬不要字寫得很小，還有曾經有同學用那個鉛筆寫，掃描的時候，看得很不清楚，就會失分。再強調一次，考試應該用深藍色或黑色的原子筆。

我這邊說的有點快，你們看一下回到這邊啊。你多大年紀了？你幾歲呀？這都是我們口語的說法。但是我們說「高壽呢？」是比較尊敬的說法，更講究一點，特別是六十歲以上的長者。你看到他，就說「老人家您春秋幾何啊？」前提是他要聽得懂，所以你乾脆就說「高壽」得了。但是我們寫在書本上的時候，可以盡量運用，例如春秋、高壽、貴庚之類的。總之平常的時候就要多給自己做頭腦體操，進行詞語替換的練習，腦筋經常動，思考會靈活。

希望這節課對你們有幫助！（下課）

二　課堂教學觀察與思考

潘老師的課堂容量很大，內容十分豐富。在實際的教學中對學生瞭若指掌，具體分析的時候能夠做到信手拈來。在兩節課的時間裡，潘老師系統的為我們講解了自然書寫的寫作要點，講授方法通俗易懂，能夠幫助學生在日常生活中逐漸去思考去鍛鍊。再就是潘老師憑藉多年的考卷批改經驗，向同學們介紹了在重大考試時，作文的常見問題和評分準則，給同學們更多的建議和指導，具有非常強烈的現實指導意義。

（一）教學重點難點清晰，課堂收放自如

在課堂開始的時候，潘老師就明確地指出本節課的教學中心和

重點，並且指出相對應的教學依據。先提出吳明益先生所說的自然
書寫的特色，而後通過對自然書寫特色的分析，引出自然書寫的五
個要點。整個課堂教學思路清晰，一脈貫通，行雲流水。

　　著重講解文字應該具有文學性的時候，潘老師從標題入手，讓
同學們仔細觀察一張張的圖片，將自然和人的互動引入其中，讓學
生自己仔細地觀察和分析圖片中的景物，先做出一個具有文學性的
小標題。當同學們有一定的理解和暖身之後，再引入同學們對自然
或者人生的一種情感的對話和體驗，同樣是寫柳樹，在潘老師的指
導下，那一張張圖片的標題更具有了人的情感和味道。

　　這種逐步的引導，讓同學們對景物進行一種文學性的描寫，並
慢慢讓學生加入自己對自然和環境的想法，形成一種人與自然的對
話，在不露聲色中提升學生的寫作品質和人生境界。

（二）站在名家的肩膀上，但又不被名家所束縛

　　潘老師引入張曉風女士的〈詠木篇〉的描寫木棉的一小部分文
字，帶著學生們去探索名家的風範，並結合實際問題，看名家是如
何在實際寫作的時候運用寫作要點的。

　　潘老師在領著學生朗讀完這一段文字之後提出了五個問題，分
別是針對五個寫作要點的具體回顧和分析。在帶領學生們尋找這些
問題的答案的同時，既復習了寫作要點，又分析了作者的用詞，為
後面的頭腦文字體操做了鋪墊。

　　潘老師在課前就強調過，應該讓學生在沒有老師教的情況下如
何分析和揣摩寫作的方法。在這個地方潘老師提出替換詞語的方
法，將名家的課文變成自己的寫作。在多次的替換和對比過程中，
找到更好的詞語，使得寫作的語言更加生動、具體、精確。這種寫
作教學方法是非常新穎少見的。

（三）真正地了解學生，用心靈去體貼心靈

　　潘老師這節課，所到之處必有對學生考試的擔心和提醒。能夠看得出來，潘老師對現階段學情的深入了解，對考綱和試卷批改原則的深度把握。通過潘老師生動有趣的講解，讓學生在幽默風趣的環境中，意識到自己日常寫作中的疏忽和缺點，以便在考試中有更好地表現。

　　作為一名大學教授，潘老師那麼用心地去體貼和理解學生，實在是非常可貴。可以看得出，潘老師的課堂，所舉用的所有實例都是和學生的日常生活密切相關的，她了解學生日常所習慣的用語是什麼樣子的，她知道學生喜歡的電視劇動畫片人物是什麼，用他們喜歡的方式去教他們，才能夠讓學生真正地理解並產生共鳴。

（四）授之以漁，而不是授之以魚

　　寫作是一件帶有強烈的作者主觀色彩的事情，一節課上老師講授的也只能是寫作的基本要點和方法，而具體的書寫和實踐必須得靠學生不斷地練筆養成。潘老師所提供的「文字的頭腦體操」的方法，可以讓學生在日常生活中進行自我操作，不斷增加自己的辭彙量，提升寫作能力。還有給圖片加標題的方法，也是一種日常的鍛鍊方式，這些方法方很可行，在學生的日常生活中就可以操作使用。

肆
記敘文體的創意寫作

一　教課實錄

授課教師：臺灣師範大學潘麗珠教授
觀　察　人：遼寧師範大學鄭艷副教授
授課地點：臺北市立蘭雅國中
授課時間：二〇一七年三月十六日下午兩點半至三點半

老師：我們來看這張圖片。

圖片來源：本圖擷取自《人間四月天》電視劇之宣傳海報

有沒有人知道這本書或這部電視劇《人間四月天》？那，有沒有人知道徐志摩？知道徐志摩的請舉手。為什麼知道他？

眾生：作品很有名。

老師：嗯，他的作品很好，學校教材中都選到了他的作品，國中或高中都能讀到的。猜一猜這裡哪一個是徐志摩？

生甲：戴眼鏡的。

老師：對，這張圖片只有他戴眼鏡，而且這裡只有一個男生，那麼其他三個人是誰呢？不知道沒關係，猜一猜她們各自的身分。

生乙：老婆。

老師：回答問題要先舉手，並清楚指出對應圖中哪一個。

生乙：姨娘。

老師：（用反問語氣重複）姨娘？大姨娘還是小姨娘呢？（眾生笑）。哇——這位同學真的太了解當時社會背景下男生會有的情況了。有人說老婆，有人說姨娘；還有人說，能說成姨娘，有人卻說不能說成姨娘。具體怎樣，不太清楚，不過她們之間大太太有一位，你們看她們三個人，哪一個可能是她元配老婆？

生丁：他旁邊的，坐在椅子上的。

老師：怎麼看出的呢？

生丁：因為她坐得最近。

老師：那歪著脖子站在他後面的離他不近嗎？

生丁：那位因為跟他一樣都是坐著的。

老師：對的！這個視角表示元配，地位不可動搖，也就是太太。那大家猜猜後面歪著脖子的是誰啊？

生甲：他的小孩。

老師：哦？他們兩個那麼年輕有這麼大的小孩啊？結婚得多早啊？（眾生笑）

生乙：那她可能是他們的僕人。

老師：僕人能像她穿得這麼好？

生乙：我認為是他的第二位妻子。

老師：對了。是他的第二位妻子，那以這圖為例，旁邊坐著的是他
　　　的老婆，後面是第二位太太，那旁邊還有一位女人，同學們
　　　猜一猜，徐志摩最愛哪個女人？

生丁：站在旁邊看書的那個女人。

老師：為什麼這麼認為？

生丁：看起來比較有氣質。

老師：太好了，形容得很貼切，看書使人有氣質，所以同學們也要
　　　好好上國文課，像她一樣有氣質。大家再看看她們的姿勢、
　　　所處的位置、動作、語言。在這些當中，肢體語言是最具代
　　　表性的。這張圖本身十分有趣，圖中只有一個人蹺著二郎
　　　腿，顯然是男主角，蹺二郎腿，眾所周知，無論過去或現
　　　在，長輩在的時候是不能做的，因為這樣會表示不尊重對
　　　方，不禮貌。大家看看正襟危坐，坐在他旁邊的女人，就暗
　　　示是他的原配，表示大太太的意思。那大家想想正襟危坐說
　　　明她是個怎麼樣的人？

生甲：說明她是一個比較傳統，服從丈夫的女人。

生乙：她個性比較嚴肅。

生乙：比較端莊。

老師：嗯（笑）。在古代端莊的女子固然不錯，但個性會比較保
　　　守、傳統，她往往不會像小女子似的撒嬌。但你們看他後面
　　　的女子，她斜側身子的樣子，在平時，她一定很會撒嬌，但
　　　是徐志摩最愛的卻是身邊這個看書的女生，可惜後來這個女
　　　生嫁給別人了，關於這個故事就留給以後教你們國文的老師
　　　去說明。在這裡稍微提一下，這幅圖中每一個人的姿態，其

實都是具有各自意義的，我們日後寫文章也應該這樣，幾個人物挨在一起，我們就要思考他們彼此間有什麼關係，當然老婆與丈夫的關係是正正當當的，所以並列坐在一起，但實際上他們的關係有點疏離，不親密；後面的女性雖然是站著的，卻能看出她很刁鑽，從挨著他的站姿中可以看出她與徐志摩的關係比較親密。但他最愛的那個拿著書的女子卻背對著他，表現出她一直在保持距離以示安全，初起她是愛他的，但她漸漸認為他們不會有好的結果，最後還是決定和他成為好朋友。他的原配夫人名叫張幼儀，後面的女人也很有名氣，名叫陸小曼。陸小曼的才華很不錯，會寫詩也會寫文章，因此她與徐志摩在文學上可以相互安慰。看書這位是才女林徽因，後來投身建築業，成為一名學者，她的詩與散文寫得也非常好。

　　為什麼一開始讓你們讀這幅圖，是希望同學們能有個概念，創意從哪裡來？創意從生活中來。同學們看看我，老師今天穿「道袍」來的，為什麼叫道袍？佈道才穿道袍，像法師，宣揚道義的。我為什麼穿道袍？那是因為我要宣揚文學之道。寫作文有個東西很重要，必須善於觀察。比如你們都穿制服，但你們長得卻不一樣，除非雙胞胎，女生很多長頭髮，有人戴眼鏡，有的不戴，如果現在提問你們：「請來形容我們班的同學」。有的人會說「他長得不高不矮，不胖不瘦，戴著眼鏡，頭髮長長的」。請問有誰能猜出是誰？

眾生：紛紛搖頭「不知道」。

老師：對，老師也不知道，舉手的同學請說原因。

生丁：沒有特點。

老師：回答可以算對，但這個原因太籠統了。寫作時所運用的詞語一定要準確，判斷一篇文章寫得美不美、好不好，並不只看

這篇文章用了多美的文詞，還要觀察這篇文章是否用了很準確的詞，因為「精確」可以很快讓讀者知道作者所寫的是什麼人、什麼建築、什麼地方等等。下面請看 PPT，給大家十秒鐘快速瀏覽，抓關鍵字（老師給學生讀一下 PPT 出示的「記敘文寫作」這一頁的內容）：

以「記人、敘事為主要內容的文體，通過敘述事件的發生、發展經過和結果以及人物的遭遇、經歷、變化情況。對事件或人物做『通盤』描寫。」

　　不僅要「通盤」，還要細膩，怎樣細膩，一會兒再提及記人和敘事，因為事情的發生常常是與人有關，如果發生的事情裡沒有人，就稱之為事件，就會感覺很奇怪。一般寫作者在形容人時，這人做什麼樣的事，吃什麼飯，穿什麼衣服，那也是與事情有關。「所以記人與敘事關係密切，通常會一起放在一篇文章裡。」可若要記事，關於事情的部分應寫得多一些，寫人就相應的少一些，我們稱之為「繁簡」，或者是「詳略」。寫作時應該注意。「因此，無論記人或者是敘事，都有一條線索的貫穿。」請同學們注意這幾個詞。「『時間』、『空間』或『事件』」，這三個關鍵字，要注意在接下來的例子中，思考我的分段是依據什麼理由，也就是說，這三個關鍵字影響我們以後分段的依據。一、我們可以依據時間的不同分段，比如「上午、下午、晚上」，比如「春天、夏天、秋天、冬天」。二、依據空間，比如我這一整天坐在教室裡是怎樣的；下了課我們出了教室，在室外是怎樣的；走出校園以後又是怎樣的，按照空間的不同，進行分段。三、「事件」，比如以你正在做什麼為例，你正在考試

是一件事情，另一件事情是你跟朋友約定一起出去吃飯，吃完飯可能去散步，按照這個事情不同，又可加以分段。這樣我們就明白分段的概念，我們就可以看出分段的條理，你怎樣敘述文章的線索以及脈絡，或者是說，你的邏輯是什麼？文章必須有邏輯，無論時間空間，然後依據這個邏輯去分段。事實上，記敘文、現代散文按照事件的發展過程去寫，很常見。既然是以人物活動為中心，只需要記住三個關鍵字：「『時間』、『空間』或『事件』」這六個字（學生跟著老師齊讀一遍三個關鍵字）。

　　聽說你們讀過〈紙船印象〉這篇文章，誰能夠給大家有感情的朗讀這篇文章？

生甲：（有感情的、有抑揚頓挫的讀著這篇文章。）

老師：讓我們為她鼓掌。（大家鼓掌）

　　好，請大家看下一張 PPT「動動腦，替換詞面」。

　　提醒大家一下，該段其中有個破折號有問題，應該是兩格，大家注意黃顏色的字，思考老師想要幹什麼？私下，我們可以自己做一下小練習。其實我們的課文不是不能看懂的，都是好文章，我們可以偶爾挑戰一下自己，這個詞彙能不能替換另一個詞彙，讓這個句子表達得更好，也有可能替換的這個詞語比原文中的詞語表達效果更好。可能有的時候，這樣合適的替換對於同學們來說是一種挑戰。所以每一篇，尤其是語體文，同學們不妨這樣：找一個段落，從中挑幾個詞，我們來替換看看，動腦思考，這幾個詞又有哪些同義的詞。久而久之，你就會游刃有餘了。寫文章的時候就得這樣。我的兒子現在上大二，他對於自己的寫作十分有自信，讓我印象很深刻的是，在他讀幼稚園的階段，有一天，他突然抱住我的腿跟我說：「媽媽你真漂亮！」當時我十分

的開心，卻又覺得他一定有所企圖，就問他：「然後呢？」
他說：「我的老師也很漂亮！」當時我就很奇怪，我不明白
兒子想要表達的是什麼，緊接著他說出了最重要的第三句。
他說：「我的小女生朋友也很漂亮！」這下我終於知道兒子
想要表達的重點是什麼了，他想說班上有個女生他挺喜歡
的。那麼請問同學，這三個「漂亮」含義是不是不一樣啊？
「媽媽的漂亮」、「老師的漂亮」、「同學的漂亮」三者是不一
樣的，聰明的你應該也能了解其中的不同，媽媽的「漂亮」
應該是慈祥多一點，老師的「漂亮」應該是溫柔親切多一
些，而小女生的「漂亮」可能是很活潑，笑得很甜。當時我
覺得兒子表達能力太差了，但考慮到他只有幼稚園的水準，
句子都說得很完整，已經很不錯了。那麼現在的你們，小學
都已經畢業了，還在繼續用「漂亮」等詞單一反復地運用於
你所形容的對象嗎？

　　大家請看這張 PPT。這段文字「每一個人的一生都會遭
遇許多事」中的「遭遇」，可以用什麼來替換？

生乙：面臨。

生乙：發生或者經歷。

老師：將這三個詞套入其中的句子當中，一個個讀出來。黃春明在
　　　這個句子中為什麼不用「發生、經歷、面臨」而用「遭遇」
　　　呢？

生丁：他可能沒有想到那麼多的替換詞。

眾生：〈紙船印象〉的作者不是黃春明而是洪醒夫。（提醒老師）

老師：（接受糾正，及時地改正口誤。教師將這三個詞一個個帶入
　　　句中，重讀該句，並在同時，提醒學生將這三個詞寫在這個
　　　句子中「遭遇」的旁邊，好好體會一下這四個詞的表達效
　　　果。）

現在大家品味一下「經歷」這個詞,「經歷」這個詞範圍似乎太大一點,例如人生的閱歷,好像經歷許多事情才說「經歷」,不是說自己近日的親身體會;「發生」這個詞太常見;而「面臨」雖帶有主動性,卻感覺大家好像都能遇到,並不是只有他。這裡我要告訴你們我的體會。很多詞彙之間意義很接近,但是用在這裡,卻不「精準」,作者在這句中,用「遭遇」這個詞,應該是經過推敲、考量的,平時我們就要去甄辨。當然有時候,如果替換的詞比原句表達效果還要好,那麼你就會讓這經典名篇更加精彩了。

再往下讀:「有些是過眼雲煙,倏忽即逝」,大家根據書下注釋,可以知道「倏忽」是什麼意思?

眾生:很快、一下子。

老師:對!回到原句,將其帶入其中「一下子即逝,很快即逝」,大家有沒有發現什麼問題。(眾生:「唸起來不順。」)對,答案正確!但為什麼會不順呢?因為「即逝」是更文言的,相對來講是更書面語一點的,那當我們用「一下子」時,就會感覺怎麼樣?

眾生:很口語化。

老師:同學們真的很棒!之所以作者在這句子中用了「倏忽」,是因為該詞很書面語,大家還能想出跟它意義相近,而又書面語化的詞嗎?

生乙:頃刻。

生乙:剎那。

生丁:瞬間。

老師:非常好!「頃刻/剎那/瞬間/倏忽即逝」,你們一個個品讀的時候,讀懂它時,就會發現這三個句子都很好,但讀這四個詞時,明顯感覺語感不一樣,那為什麼語感不一樣呢?

比如我們剛才說的「頃刻即逝」，同學們注意觀察我的嘴型，我的嘴沒有打開；在讀到「倏忽即逝」的時候，我的嘴型是嘟著的，和上一個有點不一樣，是不是？「瞬間即逝」的瞬間；「剎那即逝」的「剎那」，我這樣講其實是暗示著：說如果你的嘴型一直是閉口，聲音吞在裡面的，想想我們怎樣調整一下，讓它更好，於是你們就可以猜到，我心目中可能覺得還不錯的答案，你們大家一起猜一下。（「瞬間」和「剎那」都不錯。）

　　我們繼續往下看，「有些熱鐵烙膚，記憶<u>長存</u>。」同學們，「長存」可以替換成什麼？或者「長」可以替換成什麼？

生甲：「長存」替換為「永存」。

老師：想得很對，有沒有感覺到替換挺簡單的？那麼再思考一下，「記憶長存」和「記憶永存」有什麼區別？

生乙：「長存」是記憶很長。

老師：很好！這位同學很有思辨能力！「長存」就是指記憶很長，「永存」表示永遠存留，哪一個比較強調啊？當然是「永存」對不對？那「熱鐵烙膚」該句中，「長存、永存」這兩個詞其實都還不錯。再下一句，「有些像是飛鳥<u>掠過</u>天邊」，其中「掠過」可以怎麼替換？

生甲：划過。

老師：嗯⋯⋯「划過」體現出飛鳥飛行時動態的感覺，還有沒有簡單點的替換詞？

生乙：飛過。

生乙：浮過。

老師：嗯！如果是「浮過」天邊，就好像把天空當水，飛鳥當魚，我覺得這種表達很有想像力！

生丁：我的答案的發音，跟上一位同學的很相近，但是我用「拂

過」。

老師：大家詞語積累都很豐富，但大家看原句中「掠過」，它是四
　　　聲，「掠」感覺有點重音，大家都應該知道，很強烈的情
　　　緒，通常用第四聲的字來表達。（這時，老師突然用書拍向
　　　講桌，發出「啪」的聲音）。老師問：誰來用一個字來形容
　　　一下我剛才動作的聲音？

生甲：哐！

生乙：嘭！

老師：你們有沒有發現這兩位同學都是用四聲來形容的啊？那大家
　　　再想一想，如果我用〔biáng〕來形容剛才的聲音或者用
　　　〔biāng〕（眾生大笑），那會怎麼樣？（眾生：「沒有氣
　　　勢。」）對！就會沒有氣勢，說得太好了！那麼在語句中，
　　　用「掠過」這個詞，語感就不一樣，有力得多。這就是為什
　　　麼讓你們多讀書的原因，另一方面讓你們增強記憶。說到這
　　　裡，大家知道，背書應該怎麼背嗎？

生乙：我覺得要先在腦海裡想像一個畫面。

老師：嗯！不錯，很有想像力，以後要讀文科哦。不過老師告訴
　　　你，想像著畫面去記憶確實是一種方式，可是久而久之你就
　　　會感覺到無趣，背著背著……你就會跟周公下起棋來了。這
　　　個時候你可以採取另一種方式，就是把它念出來，念的同時
　　　記得錄音下來，用手機、錄音機、MP3、電腦都可以。養成
　　　這個習慣，無趣的時候，就聽這個錄音，藉由聲音幫你溫
　　　習，因為聲音會給你一定的刺激，長久下來你的記憶相對深
　　　刻許多。現在我舉個例子：唱一首同學們耳熟能詳的兒時歌
　　　曲（老師在課堂上唱著〈紫竹調〉），同學們一聽就有印象，
　　　就能想起來所唱的這首歌的歌詞，同學們已經很多年未曾聽
　　　過這幾首歌了，但現在你們還能夠想起來，都是因為聽覺的

刺激。有時候，念課文，可以邊念、邊帶著表演式的錄下來，即使日後聽著，也會覺得詼諧可笑，在這個過程中可以幫助你們強化記憶，不容易忘記。當你在腦海裡想像著或者默讀相對容易出現「左耳進、右耳出」的情況，睡覺前聽久了，就像催眠，催眠產生的記憶力超強；念、聽久了，就不容易忘記。又比如坐車看書對眼睛不好，這個時候播放錄音來聽，才是最佳的選擇。

　　再往下看，「而有一些事情，卻像夏日的<u>小河</u>，冬天的落葉，像春花，也像秋草，似無所見卻又視而不見。」大家看一下，這「夏日的小河」中的「小河」可以換成什麼？

生丁：長河的「長」。

老師：可以兩個字嗎？比如「蟬──」。

生甲：蟬鳴。

老師：對！蟬鳴、蟬聲。那麼「童年許多<u>細碎</u>的事物」中，「細碎」換成什麼？

生乙：瑣碎。

老師：那用「細──」來構詞呢？

生乙：細小或細微。

老師：很好！還有嗎？請同學們課下仔細思考。文中說：「大體如此……」，我們平常這麼說嗎？

生丁：我覺得應該用「大致如此」。

老師：我為什麼會強調這個詞？有一天，我對兒子說「大體如此」，兒子很慌張的問：「發生什麼事？你的大體怎麼了？」我兒子的聯想太快了。（笑聲）其實「大體如此」與「大致如此」差不多。接下來的一句，「不去想，什麼都沒有，一旦思想起，便<u>歷歷如繪。</u>」這四個字該換成什麼詞？

生甲：歷歷在目。

生乙：栩栩如生。

老師：對，兩位同學回答得很好，當你讀一篇課文的時候，你可以
動動腦，想想某些精彩的詞彙可不可以替換成某些意義相近
的詞彙，做頭腦體操，讓思維活躍起來，就像我們寫作文
時，如果有很多詞可以選，就表示我們要比其他人程度高一
些，在寫作當中詞彙的運用很重要，為什麼重要呢？舉個例
子，有些大陸的老師和我交流時，一邊跟我握手一邊問我：
「潘老師你是搞什麼的？」我就說：「我什麼都不搞，我是
研究文學和戲曲藝術的。」其實他們說的「搞」是指你從事
什麼方面與領域的研究。還有一句話一定要記住不可以亂
用，就是「某某死了」。其實「死」是不尊敬、不禮貌的說
法，是不好的措辭，又是不把人當回事的字，「死」也可以
說成是「逝世」、「去世」、「往生」。「逝世」這個詞語形容的
對象，身分尊貴。那還有什麼詞可以替代「死」呢？

生乙：駕鶴西歸。

生丁：與世長辭。

生甲：隕落。

生乙：駕崩。

生乙：香消玉殞。

老師：「香消玉殞」這個詞只能形容什麼樣的人？

眾生：只能形容女生。

生丁：還有「陣亡」。（眾生笑）

老師：這個詞只能用於戰爭中死亡。大家都很棒！從中看出一個詞
的意義，可以用很多詞去表達、替換。我們所說的替換詞都
可以體現出每個人的視野，程度，這一定要注意。

　　我們來看下一張 PPT，來推敲這首詩。有些句子讀起來
很有意蘊，很有味道，一句一句寫而後漸漸湊成一首詩。這

首詩原作者是鄭愁予，你們上了高中之後一定會讀到他的詩作，他的地位與余光中同級。他有一本詩集就叫《寂寞的人坐著看花》，同時這也是一首詩的名稱。張曉風女士有一天看到這首詩的詩名，覺得很有趣，就玩了一下排列組合，將它重新調理順序，她發現這個句子中的詞語可以任意排列。（師快速讀了一下張曉風不斷變化順序的這幾個句子。）這告訴我們，當我們寫下一個句子時，不妨想一想這個句子重新安排一下字詞的次序，能不能讓這個句子顯得很不一樣，讀起來更有味道。這一頁 PPT 就是想告訴大家，單單就「寂寞的人坐著看花」這一句就能有這麼多的變化。其實我們在寫作時，文字的功力主要來源於基本功，但這個基本功是要靠逐漸的日積月累，當你越習慣去思考這些行文用詞時，你也就越能發揮你的實力去寫作，也月可以聚焦在創意上。

再看下一張 PPT，寫作創意實踐的四個步驟：第一是推敲構思文句，就是位置調換一下，意味就不一樣。第二就是通感，待會我們接下來會提到通感再仔細說。第三是鍛鍊自己的幾種方法：添加或改變結局，替換作者原有的文字、改寫內容、模擬仿作、創意寫作的發想等等。第四：想方設法讓自己喜歡寫作、主動寫作。

好！什麼是通感（也稱作「移覺」）呢？運用「通感」技巧所寫的文章會讓人眼睛一亮，會特別好，有時候還會讓人感動，很有創意。這是因為你的文句運用了通感，使得「顏色可以有溫度，聲音可以有形象，冷暖可以有重量，氣味可以有鋒芒。」（錢鍾書語，出自《談藝錄》）也就是說，聽覺可以變成觸覺，例如還沒看到的春天，卻可以讓人感覺到春天的厚重溫暖。這「厚重、溫暖」，並不是單純的厚重的感覺而已，它有一種觸覺的感受。你們到高中就會讀到

《老殘遊記》的〈明湖居聽書〉，裡面有精彩的說書描寫，用「通感」的手法表現說書人的聲音。老師換個方式說，你也許就很容易明白：聽覺容易讓人看到絢爛的彩虹。從視覺到聽覺，從聽覺到味覺，從味覺到視覺……，可以這樣去想。

這節課由於時間關係就上到這裡，很榮幸為大家上這一節語文課，謝謝同學們的配合！下課！

二 課堂教學觀察與思考

（一）教師教得輕鬆幽默，學生學得興致盎然

教師在課堂上營造了一種輕鬆、和諧而又幽默的教學氛圍，從而極大地調動了學生學習的積極性，全體同學都熱情地參與到教學過程中，無論是討論還是發言都爭先恐後，那種蓬勃的狀態令每一個在場聽課的老師興奮且嘆服。

比如在課堂上將書用力拍在桌子上，用如此生動形象的動作，讓學生更加深刻的了解「第四聲」的字所表達的「情緒較為強烈的」意思；興起時，還現場給同學唱歌，既表現了「聽覺的刺激能夠加深記憶力」，又可以增加與學生互動交流的機會，拉近與學生的距離。

（二）以學生為主體，從學生的視角進行引導

在面對比較難以理解、較為抽象的知識點時，教師能夠舉出現實生活中最平凡、最常見的小例子，做到了真正站在學生的角度設計教學問題以及教學步驟。例如，老師在講到詞彙的選擇時，舉了

她兒子在幼稚園時，同時誇獎三個人，因為孩子小，只會使用「漂亮」這個詞，但是其實每一個「漂亮」都是有所指代的。就是從身邊這些小事例中，讓學生懂得作文之時要學會對詞語進行挑選。在這個課堂上學生始終是主體、是主角，教師隱在背後，在最恰當的時刻裡給學生以補充和引導。

（三）問題設置巧妙，理答機敏

整堂課的問題設計得十分巧妙，問題之間有很好的層級關係，環環相扣，步步深入，引人入勝。老師並不是單單只注重問題提出後，學生回答得是否精準，更在乎的是學生給出這個答案的思路、原因以及他們的依據，從而更加有針對性地對學生進行理答和追問。學生回答問題時，老師認真傾聽，將自己放在與學生同等的地位上，在每個學生回答問題後並不是很敷衍的用「很好、很棒、很不錯等詞」讚美了事，反而是認真地評價學生的答案，對在哪裡以及錯在哪裡。給予學生溫暖地鼓勵，特別有針對性地指導。

伍
〈旅夜書懷〉教課實錄

授課教師：臺灣師範大學潘麗珠教授
觀　察　人：遼寧師範大學鄭艷副教授
授課地點：士林高商高一年級
授課時間：二〇一七年四月六日第三節

老師：好，同學們，當我做剪刀手這個手勢的時候，就請安靜下來
　　　看我，不管你們在做什麼，只要看到我做這個動作，就立刻
　　　安靜下來看向我，同學間互相提醒、認真聽講，可以嗎？我
　　　知道你們非常的熱情，好了，今天有誰沒有帶課本啊？都帶
　　　了對嗎？好，我們今天要上什麼呢？我們看〈旅夜書懷〉，
　　　翻開課本，請哪位同學說一下在第幾頁？（生答：「八十
　　　頁。」）好，我們把書翻到第八十和八十一頁。

老師：我今天沒有打算花太多的時間講作者，原因是這樣的，我認
　　　為杜甫真的很重要，但是我認為就算你不那麼認識他也沒有
　　　太大的關係。為什麼我這樣講呢？因為有太多太多的歷史、
　　　文學人物了。我常常打比方，我說余光中，你們有沒有讀過
　　　余光中的詩？（生答：「有。」）你們讀過余光中的詩對不
　　　對，知道余光中先生吧？（生答：「對。」）跟你們講，如果
　　　真的有一天，余光中先生在路上跟我們擦肩而過的時候，老
　　　實說，你不見得認得出他來，為什麼呢？因為你會感覺他不
　　　過就是個糟老頭兒嘛（必須聲明，沒有不敬之意），所以你

真的不認得他好像也沒關係。

老師：可話說回來，杜甫在我們傳統文學史上，可是特別特別受到後代讀書人的尊敬，最重要的原因就是說，他雖然一生顛沛流離，但不管在什麼樣的處境之下，哪怕是自己的孩子因為家裡的貧窮都餓死了，他都沒有放棄輔佐君王、安定天下這樣的志願和抱負。那麼對於這樣一個一生都在堅持，一生心心念念都是國家、蒼生、老百姓的這樣一位詩人，確實是值得我們敬重！

於是就有人替他塑像啦。你們看圖，看了塑像有人就說，杜甫真瘦；另一個人就說好像有點醜。我說「不是醜」，其實是因為他既老又貧苦，我們知道人如果是老了又貧苦的話，那就是所謂的「貧病交加」，你說他會有什麼樣的光彩呢？但我覺得他還算是有精神的，特別是那個坐姿我還覺得挺帥的。一般我們看到的是這張畫像對不對，就是你們課本上作者欄的那個畫像。這張圖很好玩的地方就是：大陸曾經有人把這張圖片拿來做了加工，之後呢，發展形成一個活動，這個活動叫作「杜甫很忙」。怪了，為什麼杜甫很忙呢？哦，因為他如果來到現代的話，可能要發生什麼事或擔任什麼工作。假設我要改變他的造型，他可能是一位很忙的型男，他也可能有這樣或者那樣的造型。還有，比如有一些演出啊，運用他對於社會現實各方面的關心，於是就拿他來做行銷的代表性人物。

好了，對這個課本上作者的相關知識呢，你們國文老師會給你們補充。

對於我來講，最重要的應該是分享有關詩本身的要素，好比說韻律啊節奏啊這些。但是我還是讓你們看一下資料：（杜甫）流傳到今天的詩歌有一千四百五十多首。關於一千

四百五十這個數字，我也沒真正去記，但是我要強調「詩史、詩聖」的重要性。再來就是寫詩的風格，通常課本上寫的都比較簡單，誒——我發現你們聽我說是聽我說，可是好像聽著聽著就茫茫了，假設有點出神的話還是做一下筆記哦，作筆記有助於我們專心。一般我們課本會用「沉鬱頓挫」四個字形容杜甫的詩風，但是我覺得用「雅正」會更合適一點。好了，無論如何，這不是我今天要跟大家分享的重點，我們現在直接進入到詩歌作品，抓緊時間。我有一個要求，你們看到了嗎？PPT 上面的「跟著老師誦讀課文」，所以你們要盡量想辦法模仿我，一句一句來，試試看。看著PPT 跟著我讀。

老師：（領讀〈旅夜書懷〉）

眾生：（跟讀〈旅夜書懷〉）

老師：細草微風岸。

眾生：細草微風岸。

老師：危檣獨夜舟。

眾生：危檣獨夜舟。

老師：星垂平野闊。

眾生：星垂平野闊。

老師：注意一下聲音的長短，這句重新讀一遍。

眾生：（重新朗讀）星垂平野闊。

老師：月湧大江流。

學生：月湧大江流。

老師：名豈文章著。

眾生：名豈文章著。

老師：官應老病休。

眾生：（跟讀）官應老病休。

老師：飄飄何所似。

眾生：（跟讀）飄飄何所似。

老師：天地一沙鷗。

眾生：（跟讀）天地一沙鷗。

老師：好，我看到有同學在笑，可能覺得不太習慣這樣讀。那麼你讀詩的時候，都怎樣讀呢？我知道大概是這樣讀（老師學著學生的口吻讀詩），你們都這樣讀，結果把這樣一首好詩給讀拖沓讀壞了。如果我是杜甫的話，我會抗議、抗議再抗議，因為那樣的讀法，沒有讀出詩歌的情韻啊。老師的讀法，你覺得不太習慣，為了讓你們習慣些，我要求你們再來讀一遍，注意聽一下聲音的高低、大小還有長短。（教師再一次領讀，學生有感情的跟隨朗讀一遍詩歌）

不管你習慣不習慣，我有一個問題問你們，為什麼要這樣讀詩歌？你們跟著我讀，也許你不習慣，可是你就可以藉著聲音想像一下詩歌的畫面。如果你待在家裡或者其他的地方，假設四周沒什麼人，那你們讀書的時候、讀詩的時候，可以按照你的興致、意願去讀詩。老師問你們：為什麼要這樣讀？剛才朗讀的時候你們有沒有注意到，在讀「細草微風岸」的時候老師聲音比較小，在讀「細」的時候老師聲音比較小？再來，「微風」又不是「大風」，所以老師念得比較輕。然而因為是江岸邊，所以「岸」我稍稍加了一點重音，沒有像大江的「大」那麼突出。

「危檣」是什麼意思呢？我們看過那種高高的船桿不是嗎？就像《海賊王》裡的那個掛著旗子的高高桿子。所以說「危」就是「高」的意思。我們經常說危樓，「危」不是危險的意思，而是高高的意思。那「獨夜舟」裡的「獨」則是指就那麼一艘船，所以呢「獨」就是單獨的「單」的意思。

我們在座的有些同學可能會參加朗讀比賽，或者是你們將來三年級考過了統測之後，你們要去某些學校參加面試，當你回答問題時你的聲音跟你的內容是不是能夠搭襯起來？還有的時候你們需要介紹自己，為自己做宣傳，能不能動人，都跟你們的聲音的表現有很大的關係。而這種聲音的表現跟你介紹的內容有關係的訓練，應該要從你們平常讀書的時候就進行，尤其是讀詩的時候你們可以想一下應該怎麼讀。想一下那個字是什麼意思？該用怎樣的聲音。慢慢地，累積經驗就養成了習慣，對你們的口語表達來講是很好的。

接下來看「星垂平野闊」，星在哪兒啊？在天上。因為在天上，所以聲調就要往上走。而「垂」呢則是要下來。「平野闊」則是給人一種很開闊的感覺，所以是「平野闊」（注意讀的時候語氣表現的舒緩、開闊）。「月湧大江流」指的是倒影，讀這句的時候則要讀出「大江流」的氣勢。「流」字為什麼要拉一點長音？因為江水的波動，不斷地向東流去。「名豈文章著」的意思是有名又怎麼樣，我還不是一樣窮困潦倒，更何況在當時，杜甫沒有像他去世後這樣出名。「官應老病休」，這個時候的詩人又老又病，那是不是應該有一種自我調侃的、一種自我消遣的態度呢？「我不要再去這樣想了，我是不是應該停一停了？」因為在古代，讀書只有做官才有機會幫忙君王治理國家，才能夠去幫助百姓，所以很多讀書人就這樣想，我讀聖賢書是為了幫助老百姓去解決困難，但是我現在又老又病，我能怎麼辦呢！所以詩人就開始自我調侃，那我是不是應該停一停，這個「休」有詩人很深的感觸在裡面。

請同學們回憶一下，在你國中的時候，你讀到〈聞官軍收河南河北〉，杜甫一生動盪、漂泊，他沒有什麼安定的時

間，他人生當中唯一的一段安定的時光只有八個月，這種情況還是他的好朋友嚴武花錢接濟他，可是他的那個朋友一旦不做官了，被罷黜了（給大家解釋一下罷黜的意思就是貶官），他的生活又開始不安定了，所以杜甫的一生就是這樣一種飄浮不定的情況。那為什麼他說「飄飄何所似，天地一沙鷗」？同學們，請發揮一下想像力，詩人覺得這麼大的天地，而我就像那一隻沙鷗鳥一樣，其實我可以自在的翱翔，我可以決定自己什麼時候要停下來，什麼時候要繼續去飛。所以我們說「官應老病休」有種自我調侃的意味。

下一句，我為什麼要輕輕地讀成「飄飄」呢？我們有一個詞叫作輕飄飄，所以你飄飄兩個字，不要讀得太重，天地很開闊，沙鷗卻獨飛，所以剛好呼應了「獨夜舟」的「獨」。天地之大，但是我一心一意希望可以「致君堯舜上，再使風俗醇」。也就是說詩人杜甫不管在如何動盪的局勢下，他都心心念念想幫助君王，照顧老百姓。聽過說明以後，同學們再讀一遍，同學們自己來讀，老師起個頭，你們跟著讀讀看，看看你們是不是「烏合之眾」整不整齊？好，細草～預備，起。（眾生再一次有感情的朗，讀課文）

你們真的讀得很不錯，只是有一些同學可能會覺得不好意思，覺得不習慣，可是我們在讀詩的時候就是可以多投入一些情感來幫助我們強調記憶。好啦，今天來了，潘老師要帶同學們一起玩，但是在玩耍之前我們要解決一些任務，剛剛老師帶同學們讀詩，其實有我自己的一個陰謀，是希望，你們讀兩遍，讀三遍多讀幾遍，這首詩就可以刻印在你的腦海當中。我們先解決一下幾個小問題，你們認為哪些詞語跟「小」有關？來，要回答問題的請先舉手。好，請說。

生甲：細草的「細」。

老師：很好，還有嗎？請說。

生乙：微風的「微」。

老師：太好了，微風的微，這位同學找得很好。還有嗎？

生乙：星垂的「垂」。

老師：嗯，星垂的「垂」，垂字也表示了小，星星從上面嗖的下來就變得小了，雖說星星也是小的，哎，你這個想法挺有意思的，我覺得他說的這個挺有道理的，大家可以思考一下，還有其他人有其他的想法嗎？

生丁：一沙鷗。

老師：對了！在天地、大江的背景下，沙鷗就顯得很渺小了，非常好！老師剛才提到了船，你們認為船是小的嗎？我們平時用舟來形容小船，所以看這裡，看這個舟也是小的。還有嗎？還有其他同學有看法嗎？好，我們來看，細草微風岸的微，獨夜舟的獨和舟，然後是星，再接著是沙鷗，這些詞語都表示了小。那麼相反的，哪些詞語跟大有關呢？對！課文當中明白的告訴你是大江的大，但是你們還有沒有找到其他的詞語？

生乙：危檣？

老師：危檣！非常好！危牆是高的意思，我們經常說高大高大，那危牆就代表了大。然後呢？

生甲：天地？

老師：嗯，天地，太好了！那還有沒有？

生甲：平野闊？

老師：正確！就這幾個答案，我們來注意一下：危檣的危、平野「闊」、「大」江流、天地一沙鷗的「天地」。發現這首詩當中有大小這一系列的詞彙了嗎？同學們在日常生活當中應該會有「臉書」吧？或者是部落格「塗鴉」，我們會在上面寫

一些好玩有意思的東西，譬如一些小故事。你們有沒有留意到我們在寫東西的時候如何使自己的文章形成一種強烈的對比？用大小、高矮、胖瘦、紅綠這種詞語來形成一種強烈的對比的話，讓讀者在視覺上、在閱讀時感覺你是有意的設計，那會讓人感覺到這是一種突出的技巧。

為什麼要這個樣子去寫呢？你會感覺到天地之大，哪個地方是我杜甫能夠安身立命的地方呢？我就像一隻沙鷗飛到這兒、飛到那兒，我到底要飛多久呢？他有這樣的一種寓意在裡頭。同學們要知道，我們每個人都很渺小，但是每個人的力量匯聚起來就很龐大，比如說，一個個小的水滴，千千萬萬的水滴匯集在一起，就會成為大江大河。所以這首詩大小對稱，它的意義在哪裡？就是形成一種強烈的對比，就是我們所講的那種，在讀者的心理上可以形成一種衝擊。接下來一個問題，哪些詩句具有畫面感？

生乙：第一句。

老師：啊，你說第一句，還有嗎？

生丁：前四句。

老師：前四句都有，對了對了！說得太好了！老師給你按讚讚讚！好，下一個問題，哪些詩句具有動態感？

生甲：飄飄何所似。

老師：啊，你說飄飄何所似。哎，我發現我們班同學有一些奇怪，發言的只有這幾名同學，其他同學還有沒有看法？剛才那位同學舉了「飄飄何所似」的例子，對了！還有嗎？

生乙：月湧大江流。

老師：月湧大江流，對了！還有沒有？

生乙：細草微風岸。

老師：沒錯，細草微風岸是風在吹的感覺，對嗎？好，還有沒有？

剛才提到的星垂，有沒有這種感覺？「垂」代表了落下來，有一種滑下來掉下來的感覺，所以這個「垂」有動態感。同學們，知道嗎？我們讀一首詩，不管是現代詩還是古典詩，我們發現用幾個詞，讓畫面有動有靜，請同學們拿筆記一下：「有動有靜，有聲有色」。有動有靜，我們說這首詩有大小系列的對比之外，還有動有靜，有聲有色。你們說聲音從哪裡來？風在吹的時候是不是會有聲音？月湧大江流的時候波濤滾滾，當你靜下心來你會發現有聲音。因此，我們說一首好詩，它的特點是有動有靜，有聲有色，而且他這首詩還有大小之間的系列對比，有那種巨大的空間背景，點出了他一個人，雖然很渺小，但是永遠堅持、永不退去，有這樣的一種意味在裡頭，雖然小，但勁道卻很足，氣魄很大。

　　同學們有沒有發現我們讀來讀去，但是其中有兩句我們一直都沒有說到。最能代表詩人造型的如果從形象上來看，可能是天地一沙鷗。可是直接提到詩人的是：「名豈文章著，官應老病休」。注意一下，這裡的「應，應該讀〔yīng〕而不是〔yìng〕。為什麼呢？你注意一下，應〔yìng〕是第四聲，仄聲。而應〔yīng〕字則是平聲。這首詩是一首律詩，你看「名豈」裡的「豈」是第三聲，仄聲，「官應」的應則是平聲，律詩的中間四個句子平仄、詞性應該是相對的。不過我認為平仄你們不是很熟也沒有關係，這些知識對於念國文的人來說很重要，但是對於一般人來說不那麼重要。但是這個地方你們不能不知道，因為有可能考試會考（笑）。這首詩的押韻韻腳是〔ō〕，大家跟我一起發音：〔ō〕。

眾生：〔ō〕。

老師：舟〔zhōu〕

眾生：舟〔zhōu〕

老師：流〔liú〕

眾生：流〔liú〕

老師：休〔xiū〕

眾生：休〔xiū〕

老師：〔ō〕

眾生：〔ō〕

老師：很好。你們有沒有注意到這首詩歌押的韻是〔ō〕，那你們剛剛讀的時候你的嘴型是什麼樣的？

是圓的，是〔ō〕，從大一點的圓到小一點的圓，對嗎？當觸及到你興奮的情感時，你會哈哈大笑，你們都會怎麼笑啊？（眾生笑）開心的時候嘴型會開得很大，如果嘴型開得很小，就會感覺很彆扭、不自然、尷尬。開心就要大笑，笑嘿嘿、笑哈哈、笑呵呵、笑嘻嘻這幾種笑的意義不盡相同，特別是笑嘻嘻，這「嘻嘻」就是嘴型沒有打開的感覺，讓人覺得稍稍有點害羞的樣子。其實啊，這首詩並不是一首開心的詩，這首詩並不像國中教材〈聞官軍收河南河北〉中的那樣，我們都知道，凡是放歌須縱酒，凡是要笑，就是要大笑，嘴型一定是張開的，暢快淋漓的笑。

那老師問你們，漂亮和美麗有什麼不一樣？

生甲：字不一樣。

老師：講的是真理，可是有說等於沒說。我覺得是意義不一樣。漂亮就是一看就一目了然，而美麗得相處了之後才能知道，比如說做事很細膩，對人很體貼，或者很認真在做事情等等。有人說「認真的人最美麗」，「美麗」並不是一下子呈現出在你的眼前，往往要經過一段時間的相處才知道。建議大家，你在寫作文的鍛鍊過程，可以練習用短句的方式累積成短文，什麼意思呢？比如你第一天寫一句，第二天再寫一句，

接連幾天都寫一句……這樣下來你一個星期就寫了五句了。
這每一個句子都是經過仔細推敲的，比如我在哪一個詞上
面，或者是在聲音方面，有什麼樣的感覺，推敲推敲。大家
都知道風鈴吧？沒有見過風鈴的，請舉手。都見過嗎？嗯，
那誰給大家來形容一下這個風鈴的聲音？

生甲：叮—叮—。

老師：他們家的風鈴好奇怪啊！「叮叮」聲音有點像電鈴的聲音
　　　（大家笑）。那還有什麼樣的聲音呢？

生乙：嘣嘣。

老師：這位同學家的風鈴也很奇怪啊，「嘣嘣」，那是什麼樣的風鈴
　　　啊？（學生大笑）其實老師想說什麼呢，大家想一想，如果
　　　這個風鈴是玻璃或者金屬做的，就會發出叮叮噹噹的聲音對
　　　不對？這是很正常的情形。大家再想像一下，「風吹過風鈴，
　　　發出叮叮〔dīng〕噹噹〔dāng〕的聲音」，這是第一句話；同
　　　學們再聽：「風吹過風鈴，發出叮叮〔díng〕噹噹〔dáng〕
　　　的聲音」，這是第二句；第三句是：「風吹過風鈴，發出叮叮
　　　〔dǐng〕噹噹〔dǎng〕的聲音」；第四句是：「風鈴發出叮叮
　　　〔dìng〕噹噹〔dàng〕的聲音」。你們會發現風吹風鈴會發
　　　出很輕柔很美的聲音，這個時候應該讀成叮叮〔dīng〕噹噹
　　　〔dāng〕才對嘛。可是呢？比如我形容這個人真「壞」！他
　　　被抓了，做了那麼多「害」人的事情，現在「判刑」了！只
　　　不定哪一天，被槍「斃」！推理一下，發生車禍了，兩部車
　　　子撞在一起，你覺得應該發出什麼樣的聲音？

生乙：嘣！

老師：你們覺得發生車禍應該用「嘣」，那你們想像一下，出車禍
　　　發出的聲音如果是〔béng〕的聲音，或者是〔bēng〕的一
　　　聲，你們會不會覺得很搞笑，只有發出〔bèng〕的一聲，你

們才會覺得衝擊力很大，這場車禍很嚴重，所以這表示什麼呢？這表示聲音本身，音調本質跟情感有很大的關係。有時候我們說這個人真「壞」，或者是那個人好「詐」，聲調流露出我們的感受；但當我們說這個人真「好」，〔hǎo〕會給人一種溫暖的、美美的感覺。聲調的第一聲是「輕輕鬆鬆」的感覺，所以芬、芳、珍、珠、清、香、卿、嘉……都是這樣的情感「味道」。

對了，你們知不知道有一位閩南語歌手叫洪榮宏？他已經有點兒年紀了，恐怕你們都不認識他，不過沒關係，老師告訴你們，他年輕的時候，唱歌就很不錯，名氣也很大，在臺灣歌手當中，算是天王級的人物。洪，宏圖大展（不過姓氏是父母給的，沒得選擇）；榮，繁榮；宏，開闊寬宏的意思。難怪他紅這麼久，是歌壇的長青樹。你們留意一下聲音，古人寫詩的時候，在韻腳上面，很是推敲。在文字聲音上面，更是推敲得厲害。為什麼要講究平仄，跟這個有很大的關係。好，我們再來看這首詩，同學們看〈旅夜書懷〉其實就是「旅夜」和「書懷」，把這個旅夜理解成岸邊泊舟停船，那麼所見的這遼闊的夜景怎麼樣呢？是「星垂平野闊，月湧大江流」。

老師注意到，有同學開始拿筆記下重點了，這種習慣非常的好。起碼記得「旅夜書懷」分為「旅夜」和「書懷」，這兩者一個寫景一個抒情。「書懷」，書寫詩人心中的感歎，有自我的寫照。他在慨歎人生，也就是「名豈文章著」，又慨歎「官應老病休」。同時最後用設問「飄飄何所似」，有人覺得，這結尾應該是問號，像什麼呢？是他自己個人的寫照，也就是自我的比擬，他說「天地一沙鷗」。如果你們要記呢，就把這首詩全都記下來，你們要記得「旅夜」是前四

句,「書懷」是後四句。

那麼前面四句又分別有什麼呢?江岸停船跟遼闊夜景又是怎樣的關係呢?你只要記住前面就可以了。同學們一起看一下,前面幾句話側重於旅夜,記到這裡就可以了。那麼下面我們玩一個小遊戲,我們一起來吟誦。這古代的詩啊,是可以美美的吟唱的。老師給大家吟唱〈旅夜書懷〉這首詩。(老師有感情的吟唱這首詩,學生認真的在聽,聽完後學生鼓掌)鄧麗君的「小城故事」這個旋律大家應該很熟悉吧!

眾生:嗯!還有別的旋律可以唱這首詩嗎?

老師:當然還有啊。(老師又用了另一個曲調「福建流水調」唱了這首詩,接著她又用「蘭花草」這個調子來唱這首詩。)老師發現只有我一個人唱不好玩兒,有沒有其他同學可以為大家唱這首詩呢?哦,害羞啊?你們不想唱沒關係,回去好好地練習。剛才老師是套用現成的曲調唱的,還有一種吟誦方式。

老師用一種很舒緩的「歌字」方式唱,學生聽後鼓掌

別人常常問我要怎樣才可以唱得好,我說沒有別的秘訣,就是要通過許多時間練習。現在我要你們做一件事情,老師看到有六張桌子,從這邊開始算是一,接著是二、三、四、五、六,我們分為六組。那好,第一組唱第一句,以此類推,還剩下兩句,該怎麼辦呢?就讓我們全班同學一起唱,好了,讓我們一起試試看吧!老師看一看誰誦讀的最好。什麼叫「讀得最好」?該小聲的小聲,該大聲的大聲,來,試試看吧。看看你們能不能馬上做得到。先不用唱,讀一下就可以,如果有時間再讓別的同學唱,這堂課可能沒辦

法實踐唱的部分，好了現在開始。

　　　　眾生從第一組開始一組一句的誦讀

　　這一讀就把你們打回原形了，好了，下面請同學們用一種輕快的語調再讀一遍。

　　　　眾生從第一組開始一組一組輕快地讀

　　這次同學們讀起來比較帶勁兒一點啊！為什麼第四組同學讀起來怪怪的？是不是感覺身體不太舒服啊！我們再來試試看看。第一組從一開始便從頭讀到尾，第二組在第一組讀第二句詩的時候就開始讀第一句，第三組在第二組讀第二句的時候開始讀第一詩，以此類推，用剛才輕快的語調開始朗讀吧！

　　　　學生要按照老師的要求，那樣一句一句的讀下來

　　讀得不錯哦！為什麼感覺第四組的聲音被吞掉了？沒關係，回家多讀幾遍給父母聽。最後老師想問你們，大家平常背書怎麼背啊？不要只用眼睛看，可以讀出來，一邊讀一邊錄音，錄好了反覆聽，反覆聽，就能將所讀的內容背下來。其實不止背詩，其他方面也可以運用這種方法。比如你學英文、日文、法文、義大利文……都可以運用這種方法來學習，增強記憶。所以當你學習中文的時候，更要用這個方式，來背誦。鍛鍊一下自己的記憶力好嗎？好了，這節課就上到這裡，謝謝！

陸

〈從軍行〉教課實錄

授課教師：臺灣師範大學潘麗珠教授
觀　察　人：遼寧師範大學鄭艷副教授
授課地點：士林高商高一年級
授課時間：二〇一七年四月六日第四節

老師：我們首先了解一下王昌齡這個人，有沒有人知道他是誰？有沒有人認識他？

學生：他是作家。

老師：作家，坐著在家叫作家？（笑）不是，他是作家沒有錯，因為他是詩人。但是呢，你告訴我你認識他，我還滿驚訝的，因為連我都不認識他。「認識」是什麼意思？認識是了解或知道家裡頭的人或坐在你旁邊的那個人的情形等等，不要上「詞彙」的當哦。你讀過他的作品嗎？

生甲：有。

老師：有同學大膽的說有，很好。那你能說一說是什麼詩嗎？

生甲：很多。

老師：很多啊，哇！那我們來考驗一下——〈出塞〉「秦時——」。

眾生：「秦時明月漢時關。」

老師：有一句出來了。然後，「萬里——」。

眾生：「萬里長征人未還。」

老師：好，我知道你們讀過〈出塞〉了。那麼，有一句我不知道你

們聽過沒有：「悔教夫婿──」。

生應：覓封侯。

老師：還有還有，「一片冰心──」。

生應：在玉壺。

老師：太好了！對，這些都是他的作品。哇，原來我們有這麼多的作品可以挑，不過很可惜，他跟杜甫比的話，杜甫有一千四百五十多首詩，而他只有一百八十幾首，這裡應該說明一下他寫得比較多的是邊塞方面的詩，又因為忙於幫忙打仗呀，或是忙著其他一些事情，所以他不見得能夠常常寫。王昌齡與高適、王之渙齊名，都屬於「邊塞詩派」，請同學們在課本「王昌齡」的旁邊寫下四個字「旗亭畫壁」。（好，「旗」學校中的那面大旗，「亭」涼亭的亭，「畫」圖畫的畫，「壁」墻壁的壁。）好啦！那為什麼要提「旗亭畫壁」呢？因為時間有限，老師請你們自己去查。「旗亭畫壁」的故事跟高適、王之渙、王昌齡很有關係。是說在當時那個大唐盛世，他們怎麼樣「鬥詩」，自己課後去查。好啦！我們來注意一下，有人說他是「詩家天子」、「七絕聖手」，老師覺得他的七言絕句寫得非常好。「七絕聖手」，這就是我們通常考試的時候容易考的「詩天子」。那各位都知道「詩聖」嗎？是誰呀？

學生：杜甫。

老師：「詩仙」？

學生：李白。

老師：「詩佛」？

學生：王維。

老師：很好，很好。「詩天子」，還有另外一位詩人要補充一下，你們有人聽過「詩鬼」嗎？

學生：李賀。

老師：很好！你們大概了解一下王昌齡相關的資料，一會兒老師還會帶著大家共同學習，我現在的重點是帶著你們「玩」。好，讓我們來拍拍手，動動手，動動口，跟著老師做。下面我把同學們分成兩組，前面一二三是「A 組」，後面四五六是「B 組」。A 組是「碰啪碰啪」，B 組是「碰啪啪啪」，弄清楚了，保護手不要受傷，不要太用力。

學生練習敲擊

老師：好，我發現 B 組有個特色，他們拍著會怎麼樣，速度加快。

學生：對，速度快了。

接著，學生練習「愛的鼓勵」和「愛的放煙火」

老師：我們為什麼要這樣做呢？因為我們在讀詩的時候，可以感受到詩歌是非常講究韻律節奏的。例如我們今天講的這首〈從軍行〉，老師不打算一句一句地去解釋翻譯它，因為我常覺得：好的詩歌作品經過翻譯以後味道就變淡了，為什麼會這樣呢？因為我們再怎麼翻譯也沒有原來的詩有韻味，我希望可以借助某一些對韻律的掌握的知識，可以把這首詩深刻的理解說出來。但是我們在進行正題之前，有些東西你們還是要跟著我學一下，跟著我發音。第一個「嗯哼」。（生練習）這個很常見沒有什麼了不起。第二個「哇……」。（生練習）我們盡量把「哇」字想辦法拖長，大概數五個節拍。（生練習）哈哈，好像班級裡面出現了很多匹狼。我們這是在幹什麼呢？哇嗚——在這樣玩的練習中，可以幫助同學們把嗓子

打開。下面再跟著我，試試看，我們來學習第三個「你，再說一遍」。（用三種不同語氣練習）三種語氣是不一樣的。第一句有一種沒聽清楚的感覺，第二句有一種威脅的感覺，第三句則是有一些疑惑的感覺。同學們知道「節奏」的意思是什麼？為什麼我們的古典詩歌裡面有五言的？比如五言絕句，五言律詩，對不對？五言是什麼意思？

學生：一句有五個字。

老師：對，一句有五個字，所以七言就是一句有七個字，那你讀的時候怎麼讀呢？你的節奏對不對呢？你們讀的時候，通常是這樣讀「白日依山盡，黃河入海流。」（老師故意讀得死氣沈沈）這樣的讀法，老師送你四個字「要死不活」，多好的詩讀成這個樣！沒關係，不著急。音的高低是什麼意思呢？對，抑揚頓挫的「抑揚」。接下來，跟著老師一句一句來讀，一會兒我會讓你們各組來試試看，我們先來聽聽同學們是怎麼讀的。預備，起。

學生：「青海長雲暗雪山，孤城遙望玉門關。黃沙百戰穿金甲，不破樓蘭終不還。」

老師：如果你們要是現在這種氣勢的話，那一定是吃敗仗。為什麼？沒勁！可能是快到中午了，還沒有吃飯是不是，沒關係，我們多發出一點氣力，中午吃飯的時候就會吃得更香！剛才你們讀的是這樣，下面請一句一句跟著我讀，試試看。

師生有感情朗讀

老師：青海長雲暗雪山。

學生：青海長雲暗雪山。

老師：孤城遙望玉門關。

學生：孤城遙望玉門關。

老師：黃沙百戰穿金甲。

學生：黃沙百戰穿金甲。

老師：不破樓蘭終不還。

學生：不破樓蘭終不還。

老師：同學們覺得很不習慣是不是？因為你們平時讀詩，不會這樣讀，可是你們知道嗎，這是一首什麼詩啊？這是一首軍歌！它叫〈從軍行〉啊，就像我們現在的軍歌一樣（師唱「我現在要出征」，語氣高昂），可是你們把它唱成了什麼樣子？

師唱「我現在要出征」，語氣低沈。

（學生笑）這樣氣勢就沒有了，你們現在讀得不習慣沒有關係，跟著老師再來一次，這次要留意一下老師聲音的高低、快慢，以及聲音的長短、節奏、停頓。

師範讀，生跟讀

老師：青海長雲暗雪山。

學生：青海長雲暗雪山。

老師：孤城遙望玉門關。這裡的「孤城」要特別注意，不要念得感覺很繁榮。

學生：孤城遙望玉門關。

老師：我覺得這句你們讀得特別好，情感也投入進去了，詩中說的玉門關是什麼地方啊？這是一個送別的地方，人們要出去打仗，送別的人送到這裡就不能再往前走了，所以這裡說是「遙望」，這裡的聲音感情還可以更加突出一些。

老師：黃沙百戰穿金甲。

學生：黃沙百戰穿金甲。

老師：不破樓蘭終不還。

學生：不破樓蘭終不還。

老師：好，現在，老師給你們一點時間，分小組進行練習，要像剛剛老師教你們讀的那樣，看你們要怎麼讀出詩歌中表現的情感，給你們三分鐘的時間。

生練習

老師：好，我們就從第一組來試試看，預備，起。

第一組生朗讀

老師：讀得很不錯，（掌聲鼓勵）好第二組，預備，起。

第二組生朗讀

老師：他們這組雖然只有兩個男生，但是讀得很好，女生也要好好加油，來鼓掌！第三組預備，起。

第三組學生朗讀

老師：好，這是第三組的表現，同學們更喜歡哪一組的表現呢？自己考慮一下。來，第四組這邊，預備，起。

第四組學生朗讀

老師：好，謝謝第四組。第五組。

第五組學生朗讀

老師：嗯，第五組同學讀得很棒，很厲害。來，最後一組，第六組，預備，起。

第六組學生朗讀

老師：嗯，也不錯！大家給自己鼓勵一下。好啦，現在老師問你們，六組當中你們最喜歡哪一組？（學生紛紛喊出小組的名字）你們自己都覺得自己的組是最棒的對不對？沒有關係，咱們這不是比賽，現在重點來了，剛才我們在讀的時候呢，有的同學在背誦，有的同學在看課本，看課本也沒關係，我們現在加上「碰碰啪」的節奏，再來試一下。同學在讀的時候不要注意了手就忘了嘴，注意了嘴就忘了手，每個同學都要發出聲音來，誰要是沒有出聲，一會兒就讓他單獨表演。注意拍的時候不要太用力，否則聲音會被掩蓋住。好，我們來試試看！

加入之前練習的節奏，練習誦讀

老師：我發現你們拍得很好，但是感覺你們的聲音有一些害怕，不太敢放出來，這樣不行，你們的聲音要再加一點力道，我發現剛才有同學是在看 PPT，有的同學則是在低頭看教科書，

如果可以的話兩個都不要看，四句而已，大家試試看好不好？來，我們一起再來誦讀。

眾生再一次練習誦讀

老師：我想請問一下大家，這首詩大概已經背下來的，有沒有？有的話請舉手，嗯，原來有啊，真棒！沒背下來的同學也沒有關係，記得剛才分的 A 組和 B 組嗎？來，我們給 B 組的同學時間練習一下，B 組的節奏是碰啪啪啪，來我們 B 組試一下，A 組的同學幫老師注意一下 B 組的同學有誰沒有開口，來，B 組預備，起。

B 組同學按照之前佈置的節奏練習誦讀

老師：哈哈，我發現 B 組有的同學沒有張嘴，可能對 B 組同學來說，這個節奏有一些難，那我們就要讓 B 組的同學從頭到尾按照剛才佈置的節奏來把整首詩都處理完，那 A 組的同學在 B 組同學第一句結束進入第二句的時候，A 組的誦讀要進來，A 組同學先不要高興得太早，我們等一下會反過來哦！兩組都有練習的機會。好，我們這回來試試看。

眾生分為 A、B 組進行干擾練習

老師：同學們讀到最後會發現其實拍子會有一點不一樣，B 組同學這次表現的真的特別好，A 組同學怎麼忘了讀了？你們要干擾 B 組。好，沒關係，我們再來一次，這樣的話，B 組就不需要練習了，那我們 A 組一邊讀一邊拍，B 組同學要穩住，

剛才沒有人干擾你們，我們再來一次，預備，起。

眾生分為 A、B 組進行干擾練習。這次效果比剛才好很多

老師：我再問一次，這首詩歌現在已經記下來的同學有多少請舉
　　　手？啊，這回多了一名同學，有人想舉，但是又猶豫了沒舉
　　　起來。好，現在開始我們把課本合起來，再來一次。

眾生在課本合起來的情況下又進行了一遍

老師：我發現同學們怎麼變成了整齊一致的誦讀了呢？不過也很
　　　好，有創造力。剛才我是希望你們可以 B 組先來，然後 A
　　　組晚一句再接進來，結果變成了大家全部一起。（笑）
生甲：我知道是什麼意思。就是他們第一句講完之後，要講第二句
　　　我們要從第一句開始。
老師：對！不過那也沒關係，你們知道嗎？錯誤是美麗的，所以有
　　　「美麗的錯誤」這句話。剛才你們已經很棒很強了，因為你
　　　們已經會背了。好，我們再來一次，就像剛才那位同學說的
　　　那樣，A 組晚一句再接進來，注意 B 組同學不要被干擾。
　　　來，我們再來一次，預備，起。

眾生明確規則後又一次進行嘗試

老師：同學們表現的真的很不錯，來我們一起再給自己熱烈的鼓
　　　掌。（眾生給自己鼓掌）同學們，有沒有注意到這樣一個情
　　　形，當你專注一點的時候，你的聲音就不會被拉走。當有一
　　　個聲音進來的時候，你們會不自覺地大聲，因為不希望自己

被拉走。好，現在我們再來一遍，來，第一組同學請舉手，好，請放下。那邊斜對面是我們的第四組，這次我們把拍的任務交給他們。其他四組來注意聽，（教師分配各組讀第幾句）老師這樣分配可以嗎？這個比剛才的那個簡單很多，那一二組做什麼呢？就是碰啪啪碰啪啪，但是你們要注意一下，如果那邊念得小聲的話，這邊拍也要拍得小聲；如果那邊念得大聲的話，這邊拍也要拍得大聲。這首詩一共有四句，你們認為第幾句應該讀得最大聲？

眾生回答自己的想法，有的說第四句、有的說第三句，有的說都可以

老師：同學們知道嗎，第四句其實是一句誓詞。但是第三句有那種蓄勢待發的感覺，所以第三句應該是讀得最大聲的那句。而且第三句很有顏色的感覺：「黃沙百戰穿金甲。」你們會想到誰？沒有人想到嗎？飛將軍李廣？很好！我們來看第三句。第三句是哪一小組讀的？你們要注意聲音要大。我們拍節奏的同學也留意一下。第四句的氣勢不比第三句弱哦，比如「黃沙」要念大聲一點，第四句的「不破」也要注意聲音要放大。第一句和第二句的讀法你們留意了，「青海長雲暗雪山」的「長雲」要拉長，然後「暗」要弱下去。拍的同學也要注意配合，試試看你們能夠合作得怎麼樣。在腦海裡稍微想一下。好，我們開始，第一句準備，預備，開始！

眾生按照規則進行誦讀

老師：停停停。剛才呢我們第一組同學起的基調有些不對，不應該像拍電影那樣的慢鏡頭，好，下一遍我們用正常的速度。你

們看潘老師是這樣讀的：「青海長雲暗雪山」（老師做範讀）。我的節奏還是在詩意裡面的。所以第一組同學非常重要，你們起的基調對後面幾組很重要。好，我們重新來過，第一組同學責任重大，預備，起。

眾生按照規則又一次進行誦讀

老師：好，開始很不錯，後來可能是沒有力氣了，到後邊有點弱下去了。不過，總體來看還是很不錯的，待會老師獎勵你們，唱歌給你們聽，你們一定要認真聽，看看老師會怎麼唱。這個版本你們會非常的熟悉，是什麼呢？

師以兒歌「小星星」的旋律演唱，學生笑

老師：沒聽過的同學請舉手，這首天下名曲有人沒聽過嗎？不會吧！好啦，我們來聽下一個版本。

師以「包青天」的旋律演唱前兩句，後兩句師生齊唱，學生笑

老師：還有第三個版本，大家認真聽。

師以黃梅戲「夫妻雙雙把家還」的旋律演唱，學生笑

老師：老師說要好好獎賞你們，所以才把不同的版本唱給你們聽，那還有沒有不一樣的版本呢？來聽聽看，這種（版本）你們不會習慣。

師以京劇韻白的形式進行吟唱，學生笑

老師：這個版本有一些特別，但是也有同學聽出來了，是屬於傳統
的戲曲「京劇」。還有一個版本，大家聽聽看。

師以地方小調的形式進行演唱，學生笑

老師：好，剛剛我們進行的活動，有個專有名詞叫作「套調」。我
們在座的同學們，有沒有喜歡 RAP 音樂的？可以來試一
下，我們掌聲鼓勵，自己準備好了就可以開始了。

二生以 RAP 形式進行演唱，學生笑

老師：非常好，那咱們班同學有沒有會 B-BOX（Beat-box）的，我
需要你的幫忙，待會你來打一段節奏，我們配合著你的節
奏，來念詩，我們試一下。

二生以 B-BOX 的形式進行演唱，學生笑

老師：你們都很厲害！我現在問大家一個問題，這首詩已經背下來
的同學請舉手，勇敢的舉起你們的手。這麼多的同學都已經
背下來了，那好，我們進行一個小小的檢測。

師以問題形式提問詩句

老師：好的，同學們，在下課之前呢，老師要告訴大家，詩歌除了
它的音樂節奏之外，還有一點很重要就是它的視覺畫面，今

天老師跟大家度過了非常愉快的一天，可能同學們的實力還
沒有完全發揮，但是我真的覺得這是一堂非常、非常特別的
課，你們棒不棒？（生答：「棒！」）你們讚不讚（生答：
「讚！」）謝謝你們，謝謝，下課。

柒

〈旅夜書懷〉、〈從軍行〉課堂教學觀察與思考

一 教學氛圍輕鬆

　　潘老師的課最吸引人的地方莫過於幽默的講課技巧。輕鬆明快的節奏，調動同學們上課的積極性的同時，又能把控課堂使之不散漫。我注意到潘老師今天教學時口語化語言比較多。這樣很容易拉近與學生之間的距離，減少距離感。在上課之前，學校老師會很全面的介紹潘老師是一位很有名望的大學教授，曾經編過教科書等等。其實這樣，雖然讓同學們對潘老師有了簡單的了解，但是也會讓學生產生「這位老師太厲害，不敢接近」這樣先入為主的感受。當真正開始上課的時候，同學們接觸到潘老師輕鬆的講課風格，感受到潘老師的講話技巧時，無形中放鬆了對這位國文教授的「警惕」，更有利於學生學習。

⭐Q&A 時間

Q（鄭艷提問）：但是我有一個疑問，在大陸的課堂上，教學語言如此口語化真的可以嗎？因為潘老師本身德高望重，所以她的講課風格大家不會有異議。但如果換成我們，這樣會不會讓學校管理人員認為我們講課語言不夠規範？這個角度很難把握，這是個人的一個小疑惑。

A（麗珠按語）：在臺灣，高職的學生一般比高中學生更需要輕鬆
　　　　　　　活潑的帶領方式，才能夠引發他們的學習興趣。
　　　　　　　更接近口語化的表達有其策略意義。

二　講讀古詩時另闢蹊徑

　　我們以往講授古詩都是採用「翻譯＋背景介紹、人物介紹＋古
詩文知識」的方式，但是潘老師在講授這兩節古詩時則是從誦讀入
手。〈旅夜書懷〉一課中，潘老師只用了幾分鐘簡單的說了下作者
是誰，隨後便開始大篇幅的朗讀。首先是老師一句一句的範讀，學
生模仿老師一句句的跟讀。在學生跟隨老師一起有感情的朗讀完一
遍古詩後，教師分析學生為什麼讀不好古詩，很自然的引出來這首
詩每一句都有什麼樣的特點，作者在何種情況下寫的這首詩，所以
讀這首詩時應該用一種什麼樣的情感去讀。就連老師講授每句詩詞
語的特點時，都是從「這句詩應該怎樣讀」入手。這種教學模式，
可以說是將知識點以一種看似不經意的方式教給學生。學生們在懂
得整體感知本詩之後，既能明確知識點，又能使自己朗讀本詩的感
情充沛、到位。這樣不光調動了學生的學習興趣，學習效果也是非
常不錯的。

　　而在講授〈從軍行〉這首詩時，潘老師更是採取手、嘴結合的
遊戲方式。潘老師先將學生分成 A、B 兩組。兩組分別分配不同的
「鼓點」任務，要求兩組按照自己的旋律進行朗讀，兩組同時進行
干擾練習。這種情況下，可以說激起了學生們的「鬥志」。大家都
想讀好自己的節奏，越讀越大聲，去干擾對方。這樣干擾練習幾次
後，同學們驚奇的發現自己已經能把古詩熟練的背下來了。潘老師
一開始講授本詩的目的就是讓大家通過不斷的朗聲誦讀，對這首古

詩有自己的理解與體悟之後，進而把它背下來。如果明確的要求學生要把這首詩背下來，一些學生會產生逆反心理，背誦的效果可能遠不如這種以遊戲的方式調動學生學習積極性的教學方法。

在鼓點誦讀之後，潘老師又進行了分組，根據詩句內容採用不同大小聲音的方式進行誦讀。與之前的干擾練習相反，這個活動則要求同學之間相互配合，大家合力完成一首古詩的誦讀，鍛鍊學生的配合能力。一節課中採用兩個形式完全不同的活動來進行教學，潘老師授課的心思真的很讓人佩服，而且教學效果也真的很棒，大部分的學生都能在當堂將古詩背誦下來。可見，這種以活動為基點的授課方式本身很可取。

三　教師本身就是資源

聽過潘老師的課，最大的感觸就是覺得她是一位知識儲備相當充足、很多才多藝的的教師。她就像一座知識寶庫，在給學生填充營養的同時，也在挖掘自身的價值，吸引學生向她不斷的靠近。教師本身就是資源，潘老師本人諳熟古典詩詞，語文功底深厚，並且在教學中還能夠自由的將古詩套用音樂吟唱出來。學生聽慣了有感情的誦讀，突然有位老師可以將古詩套詞唱出來，怎能不讓學生感到欣喜？潘老師可以變換不同的曲調去唱，每一種曲調對古詩都是一種新的理解，將古詩與音樂結合在一起，這個方法真的很好。而且我覺得，無形中也打開了一扇學生背誦古詩的大門。如果將古詩套在自己喜歡的曲調中去演唱，那學生們會發現古詩很容易就可以背下來，背誦再也不是枯燥無味的了。

總體上對於潘老師的授課方式還是很敬佩的，無論從教學內容的廣度和深度，還是教師本人的親和力、還是授課技巧，可以說潘老師都是很有可取之處。

✿Q&A 時間

Q（鄭艷提問）：有一點我稍有異議，就是覺得潘老師講課時語言
過於重複。經常一句話反反覆覆說好幾遍，並且
口頭語有點兒多。教師的語言應該是精確簡練
的。在這一點上我稍微有點意見，但瑕不掩瑜，
還是覺得潘老師的課很棒，值得學習！

A（麗珠按語）：高職學生程度略弱，語言重複是為了讓學生反覆
聽熟增強記憶，有其不得不然！

捌
現代詩選
──〈上校〉、〈因為風的緣故〉

一　教課實錄

授課教師：臺灣師範大學潘麗珠教授
觀　察　人：遼寧師範大學鄭艷副教授
授課地點：光復高中高二年級
授課時間：二〇一七年四月十三日上午三、四節

第三節課

老師：各位同學好！在座老師好！我今天真的要給大家上課，大學
　　　教授有人說是「會叫的野獸」，但我可不是「哇嗚嚎……」
　　　的那種。今天我來給你們講授現代詩〈上校〉和〈因為風的
　　　緣故〉這兩首詩。你們都有課本吧？那麼請將書打開到這兩
　　　首詩的作者與作品上面。

　　　　我向來認為如果是現代詩，教材應該比作者重要，為什
　　　麼呢？因為你們並不認識作者，這是很常見、很自然的事
　　　情，就比如說余光中重不重要呢？當然在現代詩壇，余光中
　　　很重要，而我們今天所要講的兩位詩人：瘂弦與洛夫，這兩
　　　個作家與余光中、鄭愁予基本上屬於同一個位階的，也就是
　　　說在當代，如果一定要選出十大詩人或七大詩人、六大詩

人、五大詩人,恐怕他們幾個都在其中,由此可以看出,他們是非常重要的。但也許有一天,你在路上可能跟某位詩人擦肩而過,有那麼一瞬間覺得他非常的眼熟,好像在哪裡見過他,後來才發現,他和出現在教材中的某一張照片很像。話說回來,你跟他擦肩而過又怎麼樣?其實我是想說詩人、作者對於我們來說,也許他……比如瘂弦比如鄭愁予,也許仍在創作,他現在如果健在那肯定是的,除非哪一天他實在寫不動了,否則他還是會繼續寫!這些前行輩詩人,現在都已經八、九十歲了,他們確實努力不懈,那麼他現在所寫的作品是否一定比年輕時候的好呢?這可不一定。論理,年輕時的詩作應該會比現在的作品差,因為他的技巧會越來越成熟,除非是他的寫作能力逐漸退化,否則的話,理論上他繼續在寫,他對文字的使用會更加的熟悉,我想瘂弦也是一樣的,如果他跟洛夫一樣繼續寫的話,可惜他早就已經停筆了。

好吧,我們現在把重點放在教材上面,現在你可能會忘記瘂弦、忘記洛夫,但是對於他們的經典作品,你不應該忘記。就比如,你也許會忘記李後主、李清照或者李白,抑或是杜甫,可是你對於〈聞官軍收河南河北〉、對於〈清平調〉、對於李後主的〈浪淘沙〉、還有〈虞美人〉等等這些作品,你都不應該忘記,因為它們都是我們傳統文化中無價的瑰寶。

今天我上課的程序是這樣子的,請同學們快速看一下課文,拿起筆,如果你們沒有帶筆就自己想辦法跟旁邊的同學借一下。看看這首詩中,哪一個字你們不認識?把它圈起來。下面我們一起來讀一下吧,來,預備,起!(學生齊讀課文)

〈上校〉　瘂弦

那純綷是另一種玫瑰
自火焰中誕生
在蕎麥田裡他們遇見最大的會戰
而他的一條腿訣別於一九四三年

他曾聽到過歷史和笑
什麼是不朽呢
咳嗽藥刮臉刀上月房租如此等等
而在妻的縫紉機的零星戰鬥下
他覺得唯一能俘虜他的
便是太陽

　　這其實有點難為你們，在你們之中，曾經朗誦過現代詩歌的請舉手？又不好意思舉手了是嗎？沒有人舉手，那這樣吧，剛才你們是一起朗讀的，是齊讀，讀得滿整齊的。大家沒讀過，沒關係，那麼下面老師放一段專業現代詩歌朗誦者來給大家示範一下如何朗誦這首詩歌，你們一邊聽，一邊思考這個人是誰？（教師播放朗讀影片，學生聆聽）好，這是誰，你們聽出來了嗎？（眾生無人應答）沒聽出來？那我們再聽一遍。這次你們有沒有聽出來朗誦者的身分到底是誰？（眾生回：「瘂弦。」）對！就是瘂弦！為什麼老師播放瘂弦朗誦的影片呢？因為他本人在朗誦這方面是很有感覺的，他是戲劇專業畢業的，播放他的聲音，也是為了讓大家鑒別一下。那麼你們想不想知道潘老師是怎麼朗誦的？等一下就知道了。

　　在這之前啊，老師想問問你們，這首作品有什麼生難字

詞嗎？（眾生回答：「沒有。」）沒有？那你們知道他在寫什麼嗎？不知道？是真的不知道還是不想說？我剛才看見有一位同學搖頭，對不起大家，我站這邊可能坐在後面的同學看不到我，我現在站在這裡，大家都能看到我了吧？現代詩有個很好玩的地方，我相信你們上國中時所學的詩一定比高中時的詩要簡單，等你上了高中，打開高一的課本，你們就會很驚訝的說這文章怎麼變長了？難度也變大了！其實詩也是這樣的，國中時期你讀的作品可能還會覺得能夠讀得懂，但是上了高中之後，你就會發現有的句子看起來怪怪的，為什麼會怪怪的呢？老師先賣個關子。因為大家都有課本，我們先一起來解決幾個問題，這樣有助於你們了解這首詩。第一個問題是：題目是「上校」，詩中那些詞語跟上校軍職有關？「軍職」？對！因為上校是軍職，那麼這軍職就代表著他在軍中職位的高低。那你們看一看，文中的哪些句子與他的軍職有關係？

生甲：會戰。

老師：「會戰」，嗯！非常好，然後呢？你們找到哪一個關鍵字？沒有了嗎？你們再仔細看看，他因為這個會戰，他少掉了什麼？

生乙：一條腿。

老師：嗯！非常好！這就說明他因為這個會戰而受到傷害，他受傷了。那第二小節有沒有呢？

生乙：歷史。

老師：「歷史」！我聽到這個答案，非常好！還有嗎？你們知道為什麼「歷史」這個答案非常好嗎？雖然因為會戰而失去了一條腿，但，那也是他真正打過仗的一個記號，一個痕跡，一件跟歷史有關的事。他這一條腿並不是因為發生什麼意外，

而是因為打仗才失去了這一條腿。而這也在一定程度上，給他在生活上造成了很大的不方便。詩中提到了他的妻子，在生活中他常常要依靠妻子的幫忙、協助，甚至於可能頂起家裡頭所有的經濟收入。那麼後面再有沒有可以體現的詞呢？他寫到了他的太太，其實這跟上下文還是有一點關係的。我們常常是跟什麼在戰鬥？學生會跟「考試」戰鬥，一般人會跟我們的「惰性」戰鬥，也可以說是跟我們的「軟弱」戰鬥，比如說我們到底要按照幾點鐘睡覺？我們到底要制定怎樣的計畫去讀我們應該讀的書，做我們該做的事？我們跟朋友有約，天氣變壞了到底要不要去？等等等等很多事情。我們常常會遇到想去又猶豫不想去，天氣這麼冷，我們到底要不要去？這可以說是一種掙扎。我們到底該不該聽老師的話等等這些。類似這些掙扎其實都是我們心智上的、意志上的戰鬥，而在我們的生活中，這部分的戰鬥比起面對生活難題的戰鬥，可能還要困難些。也就是說，心靈上的戰鬥比起我們遇到實際問題該怎麼解決，還要來的艱辛。碰到什麼問題，你去查一下谷歌大神所提供的資訊可能就解決了呀。可是我們心靈上的戰鬥就要靠我們自己，需要有比較強的心智力量。

　　我為什麼會這樣講？讓我們一起來看一下關於這首詩的PPT 第二題：「玫瑰、火焰、笑、太陽，這些詞彙，有什麼共通性？」潘老師為什麼會挑出這四個詞？其實我把它們統稱為「意象系統」，聰明的你可以把這四個字都記下來嗎？「意思」的「意」，「象徵」的「象」，把意象系統記在書上這四個意象語詞的旁邊。這四個詞為什麼構成「系統」呢？因為它們在意義上有著內在的連接，那麼這個「連接」本身是來自於什麼？就是來自於它的「同質性」。同學們可以把

這幾個詞圈起來，在旁邊寫上意象系統，並標上1、2、3、4，代表著它們之間是有關係的，就算沒有標1、2、3、4也沒有關係，你們思考一下這幾個辭彙，有什麼共通性。老師問你們，什麼時候送玫瑰？

生丁：情人節。

老師：（笑）情人節，對，通常都是這樣，因為它表示愛情。玫瑰表示愛情。那你們仔細想一下，你們覺得準備送玫瑰的人的心情和收到玫瑰的心情都各自是什麼樣子的啊？準備送人的時候，在準備的時候他會是怎樣的心情啊？（眾生回：「有點緊張。」）對，他在緊張收到他的花的人會不會開心對不對？那麼，收到玫瑰的人的心情會是怎麼樣的呢？

生甲：開心。

老師：我聽到有人說開心，那麼我們分析一下這緊張或者開心。請問他的這種緊張，是焦慮的緊張還是討厭的緊張？抑或是帶一點甜味的，帶一點溫暖的緊張？（眾生回：「應該是甜蜜、溫暖的緊張。」）嗯！對的，就是甜蜜、溫暖的緊張。所以不是那種討厭討厭的那種，不然一直以那樣討厭的心情準備玫瑰，別人肯定覺得你有病（眾生笑）。緊張是甜蜜的、溫暖的，那是因為你要為心愛的人準備表達愛意的東西；那麼，收到的人那種開心是不是也是這樣的甜蜜和溫暖呢？我的意思是說，如果她是很高興的收下來的話。好，再往下分析：「火焰」這個大家應該沒什麼疑惑的了，「火焰」是怎樣的？接觸到它的時候會覺得燙，那如果冬天的時候能有一個火爐，你就會覺得怎樣？（眾生回：「溫暖。」）對！很好！就是溫暖。那「笑」呢？（眾生回：「溫暖。」）看來同學們已經掌握到了關鍵字了，真聰明啊，那「太陽」就不用說了是不是？也是「溫暖」，所以由此我們可以斷定，這

四個辭彙都跟「溫暖」有關係。因此我覺得這首詩並不悲觀，而是傾向上校退役的榮光。其實我沒有看這首詩的解釋或者什麼，於是有人說：「潘老師向來不喜歡別人的解釋。」我所注重的是，我自己是怎麼讀這首詩，這才是最重要的。對於同學們來說，你們自己怎麼讀這篇作品，你的讀法看法如何，你要自己去讀、去想、去理解，而不是依賴現成的說明文字。當你不再依賴別人的看法或者是觀點的時候，你才能有自己的眼光，你才能有自己的思維，你才能在大考中寫出跟別人不一樣的觀點、想法、情感，這個非常重要。

那麼好了，我們說呢，「溫暖」體現在這整首詩裡，我不知道你們的題解是怎麼說的，我稍微查閱了一下，好像是說它是一首自我調侃的詩，這點我不是很同意，因為我覺得它是一首很溫暖的詩。雖然上校因為會戰的原因，失去了他的腳，但是他並沒有因為這個而覺得生命對於他是何等的不公平，可能會有一點點吧，畢竟在生活上造成了極大的不方便，但是他整體還是屬於積極向上的，因為他覺得，他斷了的那條腿，是他生命中一個光榮的標記。從這個角度可以看出，他並不是一種調侃、一種沮喪，或者是對生命的什麼什麼……相反的，他每次回想起，就會覺得曾經有過這麼一段光榮的事蹟。

我們再繼續往下看第三個問題：「為什麼『咳嗽藥刮臉刀上月房租如此等等』是『不朽』？」你們看課本想一想，為什麼會不朽啊？這「不朽」應該是怎樣的？是不是好像掛在牆壁上啊？你們知道嘛，對於老百姓來說，「不朽」就是「念念不忘」，沒有辦法忘記的。而對於你們來講，沒有辦法忘記的是一次又一次的考試，最後還有一個重大的考試，對吧？可是，對於一個普通的升斗小民來講，他又不是考

生，什麼會是他常常記得的呢？他寫的這個「咳嗽藥」說明他的身體是怎樣？說明他常常會生病是不是？因為就像我們說的風寒，比如說最近氣溫變化很大，你們千萬要小心，注意自己的身體，一不小心打個噴嚏就可能要感冒了。同學們你們看「咳嗽藥」之後是「刮臉刀」，在座男生都應該知道刮臉刀是什麼對不對？刮臉刀是什麼？就是刮鬍鬚的刀是不是？成年男子每天都要刮一刮，不刮，臉上就會長滿鬍渣。現在有一個詞叫作「渣男」，期望在坐的男生，都不要成為渣男。（眾生笑）那你們看「咳嗽藥」是生病的時候，「刮臉刀」是每天都要處理一下的，或者是兩天，反正總要處理一下的，接下來跳躍了一下，他說「上月房租」，其實真正感覺到壓力的不是「咳嗽藥」、不是「刮臉刀」，而是「上月房租」，傳統有一句話說「一文錢逼死英雄漢」，大家有沒有聽過？「一文錢」雖然少，在古代卻也是很重要的。在詩人那個年代也好，在當今會也罷，如果沒有錢，就會捉襟見肘，就會生活困難。為什麼有人會鋌而走險，就是因為沒有錢嘛，特別是對於一些市井小民來講，尤其是租房子，每個月、每個月都要付房租，這是一個多麼大的壓力啊？這個壓力就掛在他的心上，他怎麼忘都忘不了，所以是不行的。有趣的是什麼呢？他拿日常生活的兩件小事，跟一件一些市井小民平常都會遇到的交房租的金錢的事情，擺在一起，形成一種跳盪。所以日常寫作的時候要留意一下，在舉例子方面或者是用詞方面，不要總是在一個範圍內，尤其是詩歌，它有些跳躍才形成趣味。兩個日常生活當中一定會遇見的、常見的東西，再有一個金錢方面的、交房租的事情，這實際上是一個更寬廣的詩思。不過錢這件事情，是一種壓力，它常常在他的心上，房租不繳，房東就會老是催他。為什麼他老

是說不朽？因為他常常掛在心上。

　　好，再來：「妻的縫紉機的零星戰鬥」是什麼意思？這句話到底在說什麼？前面不是說錢對於他來講是壓力嗎？這就是念念不忘的「不朽」！然後他「在妻子的縫紉機的零星戰鬥下而⋯⋯」，大家都知道這個「而」字其實是一種轉折語氣詞，前面的事情真的是逼人太甚，但是幸好⋯⋯幸好他的太太還有一些收入，但只是偶爾有些收入，所以他說妻子的「零星戰鬥」。他的太太要跟縫紉機戰鬥，要趕時間、趕出成品交上去，交給誰呢？交給那些給她這個活幹的那些人，也就是說她幫人家縫縫補補，藉此賺一點錢。但是這種縫縫補補的生計並不是每一天都有，所以是「零星」；但為什麼說是戰鬥？因為他要每天不斷跟金錢、跟生活的壓力做戰鬥。有時候好不容易賺一點錢，卻可能左手剛賺進來，右手就要交給房東，所以對於他來講，過日子本身就是一場戰鬥。就像同學們，雖然你們是坐在這裡，但你們還是得每天跟你的吃飯戰鬥、跟時間戰鬥、跟你們未來的考試戰鬥不是嗎？因此詩人在這裡為什麼說「零星戰鬥」，他在這裡指的是他的工作並不是穩定的，偶爾有一些收入，但這些收入可能常常左手進，右手就得出了。那就是跟日子、跟金錢的戰鬥。

　　最後兩句很有意思，詩人說「他覺得唯一能俘虜他的，便是太陽。」那我的問題就是「『他』是誰？」你們看一下課文，「他」就是指「上校」，那就是作者所投射的對象，就是這個上校。唯一能夠俘虜它的就是太陽。你們想想看，「太陽」本身是溫暖的，你們覺得「太陽是誰」？能夠俘虜他。說到「俘虜」，我們剛才漏掉了，剛才我們找的是哪些詞語跟他這個上校軍銜有關，俘虜也應該算入其中。你們可

以用記號筆在第一個問題中，把「俘虜」增添上去，用框型或者一個橫線，畫上這個詞。它也是構成了一個系統。我們回到最後一題，這個太陽是能夠俘虜他的，他現在的生活離不開他太太的照顧，而且這種照顧不是短時間的，而是長時間的天天的照顧，因為他行動不方便。那麼如果沒有他的太太縫縫補補的過日子，只靠那些退役津貼，生活一定過得十分的拮据。但是只要想到他的太太，他就會感覺到無比的溫暖。所以你們覺得誰能夠俘虜他？是他的太太！所以潘老師解讀的「太陽」指的是什麼？指的是溫暖。那誰給他溫暖？是他的妻子。正因為他的太太給了他溫暖，所以他就覺得他的生活從此有了溫暖，不需要害怕。

人活在這個社會上，可能親人是我們的太陽，可能朋友是我們的太陽，可能有些能夠讓我們發揮表現的事情是我們的太陽，這些事當在我們的心裡的時候，我們就會覺得溫暖。當我們感覺到溫暖的時候，我們就不會害怕黑暗。有人說遇到黑暗我會鎖在我的那個小洞裡。其實不會的，只要我們感覺到溫暖，而且這個溫暖來自於一個人或者是來自於事情、來自於地方，這個地方就是只要我們走到這裡，就會感覺好開闊，心情就會覺得好甜美，很平靜。好，這首詩，我們解決完了之後呢？潘老師會怎麼讀呢？剛才那個影片，瘂弦老師真的讀得很不錯，但是潘來師可不是這麼讀的，可能會讀得俏皮一點，你們待會聽聽看，之後老師打算帶著你們一起讀一下，我讀一句，你們跟著我一起讀。

我是這樣讀的，有點即興發揮，大家思考思考聽一聽：「那純粹是一種玫瑰」，「純粹是」……「另一種玫瑰」——「自火焰中誕生」～「自火焰中誕生」！「自火焰中誕生」！（語氣逐漸加強）而——「在蕎麥田裡—，他們遇見

最大的會戰！嘭！最大的會戰！嘭！最大的會戰！嘭！
嘭！」「而他的一條腿訣別於一九四三年」（劃橫線處慢讀，
加重語氣，飽含感情），「他曾聽到過歷史和笑！歷史和笑！
笑和歷史！」「什麼是不朽呢？什麼是不朽？不朽？
誒……」，「咳嗽藥、刮臉刀、上月房租～上月房租、刮臉
刀、咳嗽藥！咳嗽藥、刮臉刀、上月房租～上月房租！上月
房租！上月房租！如此～等等～」「而在妻的縫紉機的零星
戰鬥下～妻的縫紉機的零星戰鬥下～～妻的縫紉機的零星戰
鬥下～～～零星戰鬥下～～」「他覺得唯一能夠俘虜他的～
唯一～能夠俘虜他的～便是太～陽一！」這是我的讀法。
（眾生鼓掌）你們可能會問我為什麼這樣讀，我會回答你三
個字：「我高興！」因為詩是我在讀的啊！是我在讀！所以
我高興怎麼讀就怎麼讀！你們應該有現了，有些詞我是故意
玩了一下，但這完全都在詩文字的情緒裡面，比如說我為什
麼強調這個詞，反覆讀這個詞，是因為這個詞在這首詩裡
有特別的情感，應該有特別的表現。我們的詩是可以這麼讀
的，所以親愛的同學們，如果我們現在分組，這個就當是留
給你們的作業，待會兒老師會驗收。到時候你們小組可以玩
一玩，再看看下一首詩可以怎麼讀。

　　好了！我們來看一下，瘂弦為什麼叫瘂弦？作者裡頭有
提到，（不過我為什麼用紅色的標記啊？因為瘂弦的瘂字打
不出來，這一個奇怪的字據說是瘂弦自創的。很有個性的詩
人，所以就取了一個很有個性的詩名，其中有一個很有個性
的字，這個字在字典上不見得找得到。）同學們，你們也可
以如法炮製哦。好，那這個「瘂」字就是沒有兩點，他為什
麼叫瘂弦呢？這裡我把他引出來，要提一下這個京劇界的名
人，就是秦慧珠。對你們來說，這名字實在太陌生了，肯定

不認識，我們在座的老師也不認識。她，在臺灣，在京劇表演上曾經非常有名，一位女演員（所謂「坤伶」），演女性角色「青衣」非常出色，唱得非常好。她跟瘂弦是好朋友，所以說了，請看夫子自道：「我高中時代很喜歡拉二胡，二胡的聲音是啞啞的，而『瘂』字通『啞』，因特別愛好這種啞啞的聲音，就取了『瘂弦』這個名字。那麼典出陶淵明還是有典故的，有『但識琴中趣，何勞弦上音』句，也就是無弦之琴的意思。這怪怪的筆名有一個好處，人們看過以後很難忘記。」大家注意，以後為小說人物命名的可以留意一下，或者想取筆名的也可以留意。我們來欣賞一下音頻播放：

「『溫柔之必要，肯定之必要，一點點酒和木樨花之必要，正正經經看一名女子走過之必要，君非海明威此一起碼認識之必要』，從詩歌的寫法拉開序幕，詩人瘂弦故事從這裡按下倒轉鍵，他出生於河南南陽，並於此地開始他的創作……」（播放音頻：介紹瘂弦的經歷）（按年份介紹瘂弦的一些生平經歷），「他忽然就看到有一個佈告，是招兵的，有志氣、有決心的青年，三個月任用到臺灣去」，這一次的好奇心卻改變了詩人一生的命運。（瘂弦自述：「這跟報名不報名沒有關係，吃飯的時候，吃了一鍋的豬肉，吃飯的時候你看著我，我看著你，有些人是熱血在燃燒，但是我們是胃在燃燒。」）一九四九年瘂弦來到臺灣，當時的他只是十多歲的大孩子。（瘂弦自述：「當時有很多士兵坐在這裡，我當時拿著二胡，準備拉二胡，但是也真是想家啊！我用二胡啞啞的聲音來表達我的心情，後來，我就起了一個筆名叫作瘂弦。」）一九五三年考取政工院校，在校期間還學習了戲劇表演「國父傳」，也就是模仿孫中山。（瘂弦自述：「很多人看了很多遍，說我演得很像！其實他們說我像的時候我還有

點不高興，當時就想問他們：『誰像了？怎麼像了？』但是其實啊是真的很像的。為什麼呢？他們在我的臉上畫了國父遺像，所以那怎麼能不像呢？肯定像啊！」）這一年，他也正式成為其中的一員。（瘂弦自述：「上個世紀開始，我並不是一開始就參加了，而是之後才參加了，慢慢的成為他們的一員，然後開始慢慢有了作品。」）曾經的他身上窮的只剩下當票，其實也有過放棄的念頭，一九六七年瘂弦出任臺灣報副主編。兩大報社的對決，也就此開展，瘂弦還把專刊帶入廣播劇。二人每次吃飯的巧遇也總是諜對諜，（瘂弦自述：「吃飯的時候，我們就好像是沒事人一樣在那裡坐著吃飯，看著對方的表情，看著他都幾點鐘離開，如果他離開得早，那麼現在換還來得及，一個人離開了，另個人就會非常的不安，覺得對方一定是不懷好意。」）在撇開敵對陣營的鬥爭，瘂弦在接任主編的工作時，他要退出臺灣光復會的專欄，他把自己又帶入了一個新的領域——廣播劇。（播放廣播劇）一九六七年後，瘂弦挖掘了許多極具創作力的劇作者。瘂弦對待朋友也是極好的，經常贈送自己寫的書，這對於瘂弦的朋友來說是極具意義的禮物。瘂弦的子女從未看見父親穿過睡衣的樣子，就連到最後，他病得很嚴重的時候，也沒有看見過他穿著睡衣。他不願意見自己的衣服剝離自己身體，不願意讓別人看見他狼狽的樣子或者是他不完美的樣子，他在要離開人世的時候，還在告訴別人不要怕……聽到這裡真的有種讓人想哭的感覺。你看你現在多大的成就，學問、繪畫，我還依稀記得你年輕的時候寫的一首詩。寫的真好！（瘂弦自述：「晚年的心情非常的複雜，有一次我對女兒說，爸爸的文學和一生都失敗了，我女兒卻說：『沒有什麼比失敗的人生更像一首詩了！』」）

　　差不多結束了，他最後一句話說得很漂亮！他跟女兒說他的人生和文學都失敗了，但是她的女兒卻很詩意的跟他說「沒有什麼比失敗的人生更像一首詩了！」這句話很有深意，怎麼說呢？並不是鼓勵大家失敗啊，而是說我們從另外一個角度去看事情的時候，可能就會產生一種不一樣的體會，舉個例子吧！請同學們拿起手中的筆，找一個空白的地方畫一個杯子，我只給你們十秒。（同學們畫杯子，老師倒數。）你畫的杯子是一個橢圓形，兩條豎槓子，是這樣的請舉手！（同學們紛紛舉手）嗯！真好！那麼除了畫這橢圓形，兩條槓的還有一個耳朵，也就是加上把手的請舉手？（同學有幾個舉手）大家有用馬克杯的習慣對吧！再來，有沒有加蓋子的？那有沒有畫一個圈的？沒有啊，那有沒有畫兩個圈的？潘老師告訴你們，這些都是杯子，一個圈的這個杯子，是由下往上看的；兩個圈子的是由上往下看的，杯沿有一個圈，杯底有一個圈。對不對？如果你們畫馬克杯的話，就會有耳朵。我們通常用的杯子都是沒有耳朵的，都是很自然的拿起來。同樣都是杯子，換一個角度看，事情就會有不一樣的體會和眼光，而這不一樣的體會和眼光就會影響你的整個人生。

　　從這個短片當中，我們看見了「情誼」，看到了詩人面對人生的態度和眼光。什麼是「情誼」，瘂弦在編著這本雜誌時候面對著兩個對戰的雙方，但其實二者雖然對戰，在文壇上，卻又是惺惺相惜的。關鍵是他們培養了好多好多有才華的人，也就是文藝青年簡稱「文青」。他們在你們這個歲數的時候，就開始寫文章，開始寫詩了，但是有千里馬就必須得有伯樂，如果沒有伯樂，千里馬也是發掘不了的，所以瘂弦說他有一種本事，有一種聞到天才的本事，像席慕蓉

啊、蔣勳等都是瘂弦挖掘的，這真是一個非常非常了不起的人。但也因為他的個性就是這樣，在你跟他講事情的時候，雖然這個事情是感傷的，但他整個人又卻是開朗的。我們回到〈上校〉這首詩來看，我比較不同意那種感歎、調侃的、甚至是帶點負面情緒的那些解讀。我覺得應該要用溫暖的角度去看待這首詩。好了！第一節課就告一段落，同學們休息吧！我們等一下再來繼續！謝謝！

第四節課

老師：好了，同學們，我們開始上課！剛才我聽說，我們這兩個班，有一個班級很擅長繪畫是嗎？那太好了！有沒有人可以把這首詩的某一個景色畫出來？（有一生舉手，老師沒有看到）對不起啊，不是我不理你啊，我剛才站在這個角落沒有看到，其實上課我是喜歡到處走動的，今天受制於這個地方。你們看看教你們班的老師是哪一個老師？大家一定都學得特別的好，你們看看這首詩，想像一下把詩的某處、把景色勾勒出來。這是一首強而有力的創作，〈上校〉這個創作真是一部了不起的作品。老師希望你們能夠發揮你們班的特長和優勢，在腦海中構想出這首詩所描繪的畫面，並通過雙手勾勒出來。再有，詩歌本身是跟音樂相關聯的，因此要注意節奏，對了，在座的同學有學 B-Box 的嗎？（大家互相推薦當中，氛圍非常的熱鬧。）有沒有，先別緊張，我知道大家都很 High！沒關係，到時候一起讀，經過老師講解，一定會讀得更好！好了，你們 Follow Me，跟隨我，你可以做到的，我會讀一句，讓同學們跟著我讀一句，你們盡力的模仿我，也許你們會覺得有點不習慣，覺得不習慣也沒有關係，一句一句，你們聽著聲音，盡量模仿我把詩讀出來，大致就

是這個樣子。好了，我們試試看！一句一句來！〈上校〉！

那純綷是另一種玫瑰（「純粹」讀得堅定，靈巧；「玫瑰」讀起來柔柔的）。

學生：那純綷是另一種玫瑰。

老師：自火焰中誕生（「誕生」靜悄悄的，柔柔的讀下來）。

學生：自火焰中誕生。

老師：在蕎麥田裡他們遇見最大的會戰（加重音語氣強調）。

學生：在蕎麥田裡他們遇見最大的會戰。

老師：而他的一條腿訣別於一九四三年（這五個字緩慢的讀下來）。

學生：而他的一條腿訣別於一九四三年。

老師：注意一下老師什麼地方拉長音，什麼地方讀重音，慢慢感受一下，讀的時候留意模仿我。

老師：他曾聽到過歷史和笑（「歷史」和「笑」單獨緩慢的強調讀）。

學生：他曾聽到過歷史和笑。

老師：什麼是不朽呢？（注意「不朽」兩字，兩字重讀，「呢」放輕、上揚）。

學生：什麼是不朽呢？

老師：咳嗽藥刮臉刀上月房租如此等等（「如此」和「等等」拉長音表示許多許多）。

學生：咳嗽藥刮臉刀上月房租如此等等。

老師：而在妻的縫紉機的零星戰鬥下（「零星」語氣拉長，ㄥ音咬準。「戰鬥」重讀）。

學生：而在妻的縫紉機的零星戰鬥下。

老師：他覺得唯一能俘虜他的（強調「唯一」，「俘虜」聲調咬準）

學生：他覺得唯一能俘虜他的。

老師：便是<u>太陽</u>（「陽」字，語調上揚）。

學生：便是太陽。

老師：這個「陽」字充滿光輝的感覺，這首詩收尾收的那個形象特別好，你們看結尾用了一個「陽平」聲，也就是第二聲的字。這「第二聲」的字，你們一般注音的時候就像這樣（教師在黑板寫「第二聲」的符號給同學們展示），這樣看起來是不是有一種向上飛翔的感覺？所以同學們，你們的名字裡有「第二聲」的字，就說明你們可以展翅飛翔！有這樣的意思哦。好了！那麼這次呢，潘老師覺得你們讀得比第一次要好。現在你們可以自己讀一遍嗎？

眾生：好！

老師：讚！那麼這一次，你們自己來一遍，一起齊讀一下。看看你們是不是「一群烏合之眾」（從來沒有一起朗誦過的合作者）？好了，兩班哦？你們要一起讀還是要分開來讀？那這樣好了，為了不麻煩，我們這一邊的同學讀第一小節，另一邊的同學讀第二小節。可以嗎？

眾生：可以！

老師：我們來試試看囉！你們一定要記得哦，像剛才那樣，記得到哪個地方應該要怎樣讀？我報題〈上校〉（學生們亂，不明規則，老師重申規則）是這樣的，我在報完題目之後，說二、三！你們就開始讀第一句話，讀第一小節，也就是說，我報完題目，這邊讀第一小節的同學要聽到我說二、三後就開始接；而那邊的同學，在第一小節讀完之後，不要馬上就接，要稍微等一下。因為詩歌分小節就等同於散文分段落。分段落的時候一般要停三拍。就比如說別人看你，一定不會先看你的右手，而是先看你的頭，眼睛，看完之後呢，再往下看你的手，這其中就是要有一個合乎邏輯的脈絡安排。段

落之間要有一個停頓才對,因為我們說段落要起承轉合嘛,因此,你們讀第二小節的人在第一小節的人讀完之後,看我的手勢,然後才讀。好嗎?試試看。報題〈上校〉(這邊學生開始齊讀第一節……)。

老師:怎麼樣?是不是感覺還不錯?好了,給我們自己一點掌聲(學生一起鼓掌)。我們上課的時候,有機會給別人鼓掌,一定要大聲的鼓掌,你們知道為什麼嗎?一方面可以把想打瞌睡的人吵醒,另一方面呢鼓掌會使你的末梢神經受到刺激,末梢神經有一定的運動,對身體也會比較好。OK,這首詩同學們有沒有問題?

眾生:沒有問題。

老師:你們反應很快哦!因為時間的關係,本來還想給大家講一講這個影片的意義來著,現在只好把這個留給你們國文老師去講。以下,我們進行第二首詩。

你們有沒有發現,這第二首詩的題目也很特別,你們一定要記得,為什麼呢?因為這首詩除了洛夫這個作者,另外還有一位大師寫過這個題目,標題一模一樣,今天給你們的作業就是:請查出另外一位詩人楊牧,知道楊牧嗎?哈哈,不知道很正常,「楊」就是「楊家將」的「楊」,「牧」就是「牧羊人」的「牧」──楊牧,這也是一個超級大詩人,他不比瘂弦他們年輕。就是輩分晚一點,但也是很重要的詩人,他也有一首詩〈因為風的緣故〉,這個題目到底有多漂亮?為什麼這個詩人用,那個詩人也用呢?這需要好好探討一下。

另外一點,這是洛夫極少數的情詩,有個很好玩的說法:余光中的詩很好吃,像甜食;讀洛夫的詩歌像吃辣椒,又像一種青草似的,苦苦澀澀的難吃,難吃是不容易吃,吃起來

比較辛苦。洛夫的詩歌文字你去查查看，運用 GOOGLE 去查，等一下看他其他的作品，就會發現理解的相對困難度較高，也許有一天你突然有想法的時候，讀他的成名作〈石室之死亡〉，石頭的石，教室的室，連題目都很詭異，內容很難讀。很多人讀他的詩覺得難懂，就單單以這首詩來說，你會覺得看完了以後，好像什麼地方不完全明白，但又不是完全不明白，很妙的，它是少數的洛夫的情詩，使用的語言相對比較清楚，為什麼呢？

生甲：寫給他太太的詩。

老師：哎，對，是寫給他太太的詩，如果他太太不容易看懂的話，那他太太可要發飆了，對不對？太太心裡會想：怎麼寫給我的詩還這樣子？這麼樣的不容易讀。（笑）

　　　那咱們是怎麼讀呢？我們先來聽這個……

老師放背景音樂，示範誦讀

〈因為風的緣故〉　洛夫

昨日我沿著河岸

漫步到

蘆葦彎腰喝水的地方

順便請煙囪

在天空為我寫一封長長的信

潦是潦草了些

而我的心意

則明亮亦如你窗前的燭光

稍有曖昧之處

勢所難免

因為風的緣故

此信你能否看懂並不重要

重要的是

你務必在雛菊尚未全部凋零之前

趕快發怒，或者發笑

趕快從箱子裡找出我那件薄衫子

趕快對鏡梳你那又黑又柔的嫵媚

然後以整生的愛

點燃一盞燈

我是火

隨時可能熄滅

因為風的緣故

老師：愛情詩啊，配一個軟軟的音樂，聽起來就不一樣了，對不對。在書房可以做什麼事，戴著耳機自己聽，不喜歡聽音樂沒關係，靜靜地讀，詩歌是要讀出來的，Maybe 我們看不太懂，可是因為我讀了，我可能漸漸就懂了。讀的時候感情要投進聲音裡去，你可能一次兩次就懂了，不需要人家的解釋，更何況每個字你都認識，所以就不怕，不怕別人說法和你不一樣，不一樣沒有關係。為什麼沒有關係？剛才我還和老師們聊天說到一件事情，就是鄭愁予有一首詩叫〈錯誤〉：「我打江南走過，那等在季節裡的流蓮如蓮花的開落……你可能讀過，那首詩一般都解釋是情詩，小小的寂寞的城。」鄭愁予說了：「抱歉，那不是情詩，那是一次跟隨軍隊經過一個地方一座城寫的。」so what？有什麼關係呢？如果我的解釋解釋得比原詩人解釋的還好，不是更好嗎？這是有可能的。閱讀的人本身的情感投射裡頭，所體會、解釋

的，總會有些不一樣，其實是沒有關係的。不過，話說回來，同學們要認清楚一件事情，考試要標準答案，不能抓瞎，你還是得照看一下你的課本裡面是怎麼講的。

　　所有閱讀的人依據自己閱讀的體會去想。像這首詩，一樣分做兩節，左右邊，它的最後一句都收尾在「因為風的緣故」，這是一種寫作手法，同學們記下來，叫作「文末扣題」，這是一種很重要的寫作手法。給你們說明一下：在重要的考試時，在升三年級後的大學考試，記得寫作文假如時間不夠了，趕緊把句子做個收尾，另起一行，前面加一句話，再把題目寫出來，題目定得漂亮一點。這種在寫作時候時間不夠，把題目另起一行抄在最後的技巧，是一種很容易學的寫作手法「文末扣題」，這一種技巧一點也不難。就像這首詩的一二小結末都是「因為風的緣故」。好，再來讀一讀，跟著我，模仿我聲音的情感。

老師：昨日我沿著河岸。

學生：昨日我沿著河岸。

老師：漫步到。

學生：漫步到。

老師：蘆葦彎腰喝水的地方。

學生：蘆葦彎腰喝水的地方。

老師：順便請煙囪。

學生：順便請煙囪。

老師：在天空為我寫一封長長的信。

學生：在天空為我寫一封長長的信。

老師：潦是潦草了些。

學生：潦是潦草了些。

老師：而我的心意。

學生：而我的心意。

老師：則明亮亦如你窗前的燭光。

學生：則明亮亦如你窗前的燭光。

老師：稍有曖昧之處。

學生：稍有曖昧之處。

老師：勢所難免。

學生：勢所難免。

老師：因為風的緣故。

學生：因為風的緣故。

老師：此信你能否看懂並不重要。

學生：此信你能否看懂並不重要。

老師：重要的是。

學生：重要的是。

老師：你務必在雛菊尚未全部凋零之前。

學生：你務必在雛菊尚未全部凋零之前。

老師：趕快發怒，或者發笑。

學生：趕快發怒，或者發笑。

老師：趕快從箱子裡找出我那件薄衫子。

學生：趕快從箱子裡找出我那件薄衫子。

老師：趕快對鏡梳你那又黑又柔的嫵媚。

學生：趕快對鏡梳你那又黑又柔的嫵媚。

老師：然後以整生的愛。

學生：然後以整生的愛。

老師：點燃一盞燈。

學生：點燃一盞燈。

老師：我是火。

學生：我是火。

老師：隨時可能熄滅。

學生：隨時可能熄滅。

老師：因為風的緣故。

學生：因為風的緣故。

老師：好，為什麼這樣帶你們讀呢？我先問，有沒有什麼生難字詞？
　　　應該沒有，有的話看一下，下面有注釋，哈哈。

眾生：（笑）

老師：我第一遍是讓你們把文字瀏覽一下，「蘆葦彎腰」表示什
　　　麼？我好像聽到那邊有同學說了很關鍵的詞，表示什麼？

生乙：風吹動。

老師：非常好，老師加分。因為風，表示風吹過了，而且風還蠻大
　　　的，所以蘆葦才會彎腰嘛。好，第二個，「信」表示什麼？
　　　詩人說「請煙囪在天空為我寫一封長長的信」。

　　　　通常講到這個地方，都說擬人什麼的？其實你看，詩人
　　　走到一個地方，有一根煙囪在那兒，而且在冒煙，那整個天
　　　空就是什麼，抬頭看也許是空曠的，因為有風的關係啊，所
　　　以你猜他那個煙會怎麼樣？難道直直的往上嗎？

生乙：不，飄上來的。

老師：對，它是飄上來的。你就知道為什麼我選 PPT 這個圖。那
　　　好了，風吹，所以那個煙從上到下的形狀，看去感覺是一封
　　　長信，這是個比喻，煙囪冒出來的煙再長也不會大於天空。
　　　可是你不要忘了一件事情哦，正是因為天空非常的寬闊，而
　　　煙囪冒的煙不是只冒一下子，它冒出來之後風吹走，當煙囪
　　　底下一直都在燒什麼，好比燒火、煉窯，那是不是一直都會
　　　有煙，一直都會有，於是變成整個天空都成為這煙來作畫的
　　　背景，因此，這封信就長了呀。有多長？為什麼會那麼長？
　　　很長很長，沒辦法估量，可是為什麼那麼長呢，因為詩人的

愛呀！因為我對你的依賴啊，因為我對你的情思啊！是這麼樣的，雖然是像煙一樣的不容易看見，因為煙摸不到，而且感覺到輕，但是確實是存在的、確實是多的，詩人其實暗示的是這樣一個情況。

那麼燭光為什麼會稍有曖昧之處呢？什麼叫曖昧，不明朗叫曖昧，對不對？你要知道燭光也是溫暖的，也是明亮的，可是呢燭光又不是點燈，不是強力手電筒，所以燭光對我們現代人來講其實有一點點小落後了，點蠟燭是為了氣氛，為了塑造氛圍，通常是很有 feel 的餐廳晚餐會點上蠟燭，但那表示是有燈光的，詩人對妻子的愛呀，就像這燈光一樣，不是那麼明朗，可是確實是存在的，你只要看到燭光的時候就會覺得溫暖，心裡覺得好，覺得美。為什麼會說是曖昧？因為說不清、道不明的，沒有辦法講的很清楚的。我們對於自己喜歡的人，你怎麼講清楚你多愛他呢？不容易，即使你有長長的信，長長的文字去書寫，也不容易說清楚，正因為不容易說清楚所以才會曖昧。

更何況有的時候我真的好喜歡你，可是，你看起來有點不高興，這是為什麼呢？因為你好像聽到了什麼八卦，還是其他的一些什麼話？那這些話其實會影響你和我之間的感情，所以我們兩個之間的情感就受到了挑戰，那我們之間就需要更堅定一點，因此即使是稍有曖昧，也是詩歌裡所說的「勢所難免」。誰跟誰的感情？這裡說的是父子之間的感情，情人跟情人之間，朋友跟朋友之間，都是這樣的。難免會因為一些什麼樣的旁人話語，而讓兩人之間產生隔閡，受到了干擾。受到干擾之後，就會影響我們彼此之間的關係，就會產生誤會，而這是天地之間再正常不過的事。所以這句話才會說「勢所難免」，又「因為風的緣故」。究竟，這裡的

「風」是什麼意思呢？我們再來梳理一下這裡「風」的意思。請同學們看一下自己的課本，這裡有三行，「趕快發怒，或者發笑；趕快從箱子裡找出我那件薄衫子；趕快對鏡梳你那又黑又柔的嫵媚」。有個說法，在這裡老師想請教一下在座的各位男同學們，我聽說，男孩子在評價一個女生好不好看的時候，女生的頭髮是一個很重要的因素。同意這樣說法的男生請舉手，大家勇敢的舉手，勇敢的舉手，哦，只有兩位呀，好！請把手放下。其他沒有舉手的同學是不是都認為頭髮不重要？是這樣嗎？根據潘老師所研究的近三千本的言情小說發現，男主角通常對於女主角的頭髮都很在意，這是真的，電視電影經常會上演這樣一個情節：寫男主角用手去摸女主角的頭髮。這裡就顯示了女生的頭髮真的很重要，那你們都沒有勇敢的舉手，這是在欺騙我的感情，沒有講實話，哈哈，好吧！我們返回課本說的這三句詩，都提到了情緒，比如說發怒發笑，確實都是帶著情緒呀！然後呢？詩人說「薄衫子」，這裡的「薄衫子」是不是代表衣服呀？哪怕老師想告訴大家，很多時候，詩人假如在詩中寫「東面」，其實他的意思是寫東西南北四面。那當他講到你的時候，可能連我都一起算在內了。我們再看這句詩，他講的雖然表面上是衣服，但是很可能它想說的就是自己的衣住行。好，我們來看一看第三句，它上面說的是溫柔的人，為什麼說她是溫柔的人呢？因為詩中提到了嫵媚兩個字，要知道詩人洛夫，在詩中提到了「嫵媚」代表了他對妻子的稱賞，這稱賞是很溫柔的。而詩人的妻子，在讀這首詩的時候，也可以體會到，詩人是疼惜自己的，是愛自己的，所以呢，就妻子而言她也覺得是溫柔的。那詩中的這個句子不但是寫的人讓人覺得很溫柔，讀的人也覺得很溫柔。連我們讀者在讀這

首詩的這句話時都會覺得，啊，真的好溫柔啊！「又黑又柔的嫵媚」，這是一種怎樣的柔美啊？我想問問大家，你們覺得這跟「以整生的愛，點燃一盞燈」有什麼關係啊？好了，同學們，發揮自己的想像力，替詩中的夫婦想一下，他們生活在一起，他提到的這三件事：第一句是情緒；第二句是跟衣住行有關係；第三句講的是溫柔。那麼人與人相處能夠長長久久，難道不是因為兩個人對彼此都很溫柔嗎？當兩個人生氣的時候，一方會想，我的語氣是不是太過了？當我用詞太過銳利的時候，我會想會不會傷到了對方的心？當我們有這樣的想法時，可能就會收斂一些，用詞就會比較委婉一點。那另一方可能會覺得，他都已經這樣的控制自己了，那我發一下脾氣就可以了，適當的收斂一些。人與人之間的關係就是禮尚往來。

我可以換種方法來講，我們之間越來越好，因為我們是把對方放在了心上，當我們把對方放在自己心上的時候，我們就會對對方非常的溫柔。那種溫柔可能是，為你倒一杯茶水，或者是幾句關心的話，而有的時候呢，就是說話不會凶巴巴。所以這個地方我問的問題是「以整生的愛」，夫婦生活在一起是一輩子的事情，沒有人會這樣的——我剛結婚，就這樣想，兩個月以後我就會離婚。沒有人是這樣想的，在我們現在這個時代，有可能兩個人結婚之後會有矛盾，但很多時候是「冰凍三尺，非一日之寒」，不是只有一兩件事情就會引爆的，而是日積月累造成的。那我們試想一下，你和你的同學們本來感情很好，但是當你們發生一件事、兩件事、甚至三件事不愉快，當彼此相對不溫柔的時候，兩人之間的感情就很容易受到挑戰。於是當又有一件事情發生的時候，彼此之間的關係很容易就緊張了。夫妻之間的相處實際

上是需要日積月累，用心去經營的。其實所有的感情都是這樣，不管是師生之間的感情、朋友之間的感情、家人之間的感情、夫妻之間的感情，都是這樣的。詩中所提到的整生的愛，像剛才我又提到的那個詞語「溫柔」，你們覺得這兩首詩作擺在一起，而它們之間沒有關係嗎？錯！那我認為這兩首詩它們有個共同點，那就是溫柔。詩人在敘寫人的一種情緒，其中就有對妻子的溫柔在裡面，所以這首詩提到的「情緒」，提到的「衣住行」，這兩個詞語，所顯現出來的意義就可以看出，我們對待彼此的溫柔，只有這樣，才可能維持一輩子的相處。實際上這種對待妻子的付出，就是我們所說的整生的愛。

　　好，這樣可以了嗎？如果可以的話，我們再來看下一個問題：「這首詩，哪些詩行應該連在一起誦讀」？在這裡，我要特別的跟同學們講一下，很多時候，我們都非常容易上當。現在的詩是長長短短已經編排好，非常容易讀。可是如果你真正一行一行的去讀的話，是很容易出錯的。剛才潘老師在帶領你們誦讀的時候，不知道你們有沒有注意到，「漫步到，蘆葦彎腰喝水的地方」，老師在讀這句詩的時候，雖然分行，但是我依舊把它們連在了一起。可是呢，接下來的那一行「順便請煙囪」因為太長，所以我在這裡停頓，但實際上這裡是要連在一起的，同樣的下一句也必須要連在一起讀。到第二小節的時候你會發現，重要的是，「你務必在雛菊尚未全部凋零之前」，這兩句也可以連在一塊讀。「然後以整生的愛，點燃一盞燈」也要連在一起讀。我這邊把答案已經告訴你了，請你去留意，現在是在分行，詩人每一句如何讀都是有道理的。當你讀到「順便請煙囪」這句詩時，你在「煙囪」那裡斷開，那「煙囪」就會被其他人注意到。為什

麼呢？因為他停下來了。當我們寫一封長長的信的時候，「煙囪」這兩個字經常會被我們忽略掉。同樣的道理，當我們讀「而我的心意則明亮亦如你窗前的燭光」，在「心意」那裡斷開，下一行我們就會很輕易的看到「心意」這兩個字。再看這一句，「我是火」，將「火」字放在了最後，我們常說的一句話第一個字跟最後一個字是最容易引人注意的。

　　所以，當我們寫文章的時候，有一件事情很有趣，我在這裡跟大家簡單的說說，你們可以聽一聽。我們考試閱卷，老師們會講「破題」很重要。為什麼這麼說？因為，當老師批改卷子的時候，很容易看第一段和最後一段，而中間的地方，有時候很快就看過去了，真的是這樣。那麼詩也是一樣，擺在最前面，和擺在最後面的，因為跟空白的地方連接，所以我們很容易就看到。最後一個問題就問了：「你認為『因為風的緣故』的『風』是指什麼？」來，我給你們一個提醒，我們有的時候會說「空穴來風」對不對？或者「風雨飄搖」。當我們說空穴來風的風波言語的時候，指的是一些亂七八糟、有的沒的的話，就是謠言。那什麼叫作「風雨飄搖」呢？蘇軾在〈定風波〉中寫到「也無風雨也無晴」，就是說在經歷了一些風風雨雨、一些苦難的時候，人生道路就撥雲見日了這樣。因此「風雨」就是表示苦難。我發現你們已經開始有一些小小的精神不濟了。好，我們來看一段影片。

　　教師放影片資料，同學們觀看，98秒至104秒

　　好，我們可以把燈打開，謝謝。這裡提到他兒子叫「莫凡」，那他女兒叫什麼？

生丁：莫非（不知道具體怎麼寫）。

老師：這老爸真的有意思，這孩子起名字叫「莫非」，像不像墨菲定律？給兒女取筆畫少的名字，我們要知道，因為筆劃少，可以寫得快。以前考試的時候，寫名字筆劃少多好啊。你們看我的名字「麗珠」，這兩個字筆劃真多。這個老爸把孩子起名字叫「莫非」，當每天都有人叫「莫非怎樣」，那他的孩子的耳朵會不會癢癢的？至於莫凡，我們知道風靡兩岸的「凡人二重唱」，另外一個叫袁惟仁。好，我要說的就是，莫凡這個人本身很有意思，他知道自己的老爸是詩人，但是他也不見得讀得懂。所以他覺得自己境界還不到，等到了自己三、四十歲的時候，能夠讀爸爸的詩了，讀完了之後他對媽媽說爸爸好偉大。在資料裡他不是自己說，他出生時爸爸不在身邊，八個月的時候爸爸去打仗，結果等爸爸回來的時候他只會叫「哥哥」，因為他只知道哥哥，不知道爸爸。當他三十歲而立之年的時候，他了解了他爸爸，他終於理解。我們要知道，所有人的肯定都不如家人的肯定。

　　莫凡寫的歌詞呢有古典文學味兒，他說這是他爸爸給他的影響。別的父親會幫兒子看功課，而自己的父親卻關在書房中寫詩。直到莫凡自己當了父親他才明白，父親「詩人」的角色貢獻是大於為人父的。這裡說起來其實有一點心酸的。你看這句話說「父親『詩人』的角色貢獻是大於為人父的」，意思就是說他做詩人比做父親做的怎樣？（生應和「好」）他把自己的生命貢獻給詩了。所以你看他跟幾個朋友一起辦「創世紀詩刊」，自個兒掏錢。想想你們有的時候大家一起參加社團，需要錢，這個時候你會想方設法的籌錢，那這一群人就會有一種革命情感，我們一起做什麼重要

的事情就會有一種革命情感。老師告訴你們，你們上了大學以後的那些哥們、姐們、閨蜜，都會變成你人生中遇到事情後的非常重要的精神支柱。在這裡給大家留一個作業，請你們查出來莫凡為父親所作的，莫非作曲的「因為風的緣故」，把它找出來。我在這裡請兩個班的老師留意這個作業的安排。同學們，把它找出來，聽一聽，寫一寫感想，或者在課堂上請同學們發表感言。如果能夠唱的話更好。你要是能唱的話，這首詩你就能背下來了。我在大學和研究所上課的時候，有學生問我為什麼一轉身，就能在黑板上寫出古典詩文的時候，你們知道為什麼嗎？因為那些作品都在我的腦袋裡。我會唱就能背啊，但是今天我們講的是現代詩，沒辦法唱，不過山水有相逢，以後有機會我會唱給你們聽。今天非常感謝同學們，雖然到最後有的同學說「老師，我不行了」，尤其燈光打暗的時候。但是無論如何，希望這兩堂課能夠發揮一點作用，增進你們對詩歌的理解。好！下課！謝謝大家！

二　課堂教學觀察與思考

　　潘老師的課好像有一種很強的生命力，吸引著每一位學生深深的參與進整個教學過程之中，老師在課上認真細緻的關注每一位學生的聽講狀況，以及對知識點的理解程度，真正的做到了「眼中一直有學生」的境界。老師十分注重「因材施教」，發揮兩個班的「繪畫」特長，描繪詩歌構景，讓學生能夠揚長避短，激發學習語文的極大興趣，從老師那充滿幽默、詼諧的教學用語中，我深深感受到了語文教學的魅力。

（一）知識點的講解「深入淺出」便於理解

教師想要通過「玫瑰、火焰、笑、太陽」這些詞彙，它們都代表「溫暖」，因此屬於一個系統的。藉此向學生們傳授「意象系統」這個知識點。但是由於擔心晦澀難懂，教師以「玫瑰」為例子，以我們身邊經驗為主導，讓學生們感受「準備送花之人」與「接受花的人」二者的心情共通點，從而更具體、更生動的理解這個知識點。

在分析「咳嗽藥刮臉刀上月房租如此等等」這句話為什麼「不朽」時，亦是講解得十分的便於具體可感。將一個比較高深的問題，細化為多個小問題，當一個又一個小問題分析透澈後，這個關於「不朽」理解的難題，便迎刃而解了。比如說在分析之前，首先，是站在兩個身分的角度來分析的：學生的角度、市井小民的角度。站在學生的角度來說，「不朽」是無盡的折磨的考試；而站在市井小民角度，他們的「不朽」就不僅僅停留在「咳嗽藥」、「刮臉刀」，最重要的是「上月房租」，真正的痛苦是經濟上的捉襟見肘。這就是「不朽」的真正含義。

（二）課堂上所舉的例子「以小見大」、「觀微知著」

教師欲為學生強調經典作品歷久不衰的特點，舉了「李後主」、「杜甫」、「李白」、「王維」等詩人的名篇經典以及其歷久彌新的特點，借此表達本節課的兩位詩人雖有人不知曉，但是他們的作品卻擁有強大的生命力與活力。

（三）詩歌朗誦方式靈動多變，其風格自成一派，隨意而又灑脫

首先，初讀課文，採取學生自讀：開課自讀，是想讓學生大體感知一下課文，讓學生速讀，其優點：一是可以使學生盡快進入上課的狀態之中；二是可以找出文中難懂的生難字；三是粗略的對這兩首詩歌有大體的情感把握。

其次，播放作者範讀。

再者，經過一段詩歌內容的詳細講解，教師範讀；然後，教師領讀（教師讀一句，學生讀一句，模仿老師讀，把握感情）。

最後，學生分組朗讀，對比評析。

（四）課堂整體氣氛輕鬆愉悅，學生注意力集中

整個課堂之中，從導入到結語，潘老師巧妙地運用了語言的藝術，深深的吸引住了學生的興趣，使得這個過程中的教學引導非常順利進行。教學效果自然也就輕鬆達到。

詩歌教學在學生印象中是單調枯燥的，他們認為其中的「知識點」少，而不重視詩歌的學習，然而潘老師充滿親和力的引導藝術和講解藝術，再搭配上充滿魅力與特色的朗誦藝術，使得整堂課的氛圍輕鬆愉悅，營造「最佳」的學習氛圍，充分調動了學生的積極性。

通識教育叢書·通識課程叢刊 0202005

潘麗珠的國文課——教課評課全紀錄

作　　者	潘麗珠
責任編輯	楊芳綾
特約校稿	林秋芬

發 行 人	陳滿銘
總 經 理	梁錦興
總 編 輯	陳滿銘
副總編輯	張晏瑞
編 輯 所	萬卷樓圖書股份有限公司
排　　版	林曉敏
印　　刷	森藍印刷事業有限公司
封面設計	菩薩蠻數位文化有限公司

發　　行　萬卷樓圖書股份有限公司
　　臺北市羅斯福路二段 41 號 6 樓之 3
　　電話 (02)23216565
　　傳真 (02)23218698
　　電郵 SERVICE@WANJUAN.COM.TW
香港經銷　香港聯合書刊物流有限公司
　　電話 (852)21502100
　　傳真 (852)23560735

ISBN 978-986-478-270-3

2019 年 1 月初版一刷

定價：新臺幣 240 元

如何購買本書：

1. 劃撥購書，請透過以下郵政劃撥帳號：
　　帳號：15624015
　　戶名：萬卷樓圖書股份有限公司

2. 轉帳購書，請透過以下帳戶
　　合作金庫銀行　古亭分行
　　戶名：萬卷樓圖書股份有限公司
　　帳號：0877717092596

3. 網路購書，請透過萬卷樓網站
　　網址 WWW.WANJUAN.COM.TW

大量購書，請直接聯繫我們，將有專人為您服務。客服：(02)23216565 分機 610

如有缺頁、破損或裝訂錯誤，請寄回更換

國家圖書館出版品預行編目資料

潘麗珠的國文課——教課評課全紀錄 / 潘麗珠著.
 -- 初版. -- 臺北市 ： 萬卷樓, 2019.01
面 ；　公分.
-- (通識教育叢書. 通識課程叢刊 0202005)
ISBN 978-986-478-270-3(平裝)
1.國文科 2.教學設計
　　　521.6　　　　　　108000967